Michèle Binswanger

Die Zuger Landammann-Affäre

W0172537

Michèle Binswanger

Die Zuger
Landammann-Affäre

Eine Recherche

Inhalt

Vorwort

Die Geschichte dieser Recherche beginnt im Jahr 2019. Vier Jahre waren damals vergangen, seit die Namen Jolanda Spiess-Hegglin und Markus Hürlimann der Öffentlichkeit schockartig bekannt geworden waren. Nach wie vor weiss niemand, wer den Skandal aus welchen Motiven einem Blick-Journalisten zugetragen hatte. Dafür wissen alle, was folgte: eine persönliche Katastrophe für alle Beteiligten und eine gewaltige und oft genug auch gewaltvolle Mediengeschichte, die gewissermassen bis heute andauert. Doch im Gegensatz zu Jolanda Spiess-Hegglin hat Markus Hürlimann sich nie ausführlich erklärt.

2019 gewann Spiess-Hegglin einen Prozess am Zuger Kantonsgericht gegen Ringier, das Medienhaus, das den ersten Artikel mit Namen und Bild veröffentlicht hatte. Das Gericht befand, damit seien ihre Persönlichkeitsrechte verletzt worden. Sie triumphierte, gab Interviews, der Fall wurde im «Medienclub» des nationalen Fernsehens diskutiert. Die Frage nach dem anderen Opfer in dieser Geschichte stellte längst niemand mehr. Dafür stellten im Frühjahr 2019 viele die Frage nach der Verantwortung der Medien: Spiess-Hegglin, so die Erzählung, sei nicht nur Opfer eines mutmasslichen und nie geklärten sexuellen Übergriffs gewesen – sie sei danach von den Medien noch fertiggemacht worden. Eine These, die sich genauer zu betrachten lohnt.

Aber warum wollte eigentlich von all diesen Journalisten, die sich für den Medienskandal interessierten, keiner Markus Hürlimanns Geschichte erfahren? Er war in den Medien als Schänder und Vergewaltiger hingestellt worden, aber er hat sich schon lange aus der Öffentlichkeit zurückgezogen.

Im Juli 2019 dann fand ich in meiner Inbox eine Mail. Eine

österreichische Mediensendung kündigte einen Beitrag an: «Eine Frau allein gegen den Boulevard – #doublecheck hat sich den Fall der Schweizer Ex-Politikerin Jolanda Spiess-Hegglin angesehen, die nach einer Vergewaltigung unter ungeklärten Umständen zum Medienopfer und zur Hass-Zielscheibe geworden ist.»

Einmal mehr wurde Markus Hürlimann damit indirekt als Vergewaltiger dargestellt. Da beschloss ich, diese Geschichte selbst in Angriff zu nehmen. Ich kontaktierte Markus Hürlimann und bat ihn um ein Interview. Er und seine Frau erzählten mir in wiederholten Gesprächen, was sie damals erlebt hatten. So entstand diese Recherche.

Im Januar 2020 hatte ich Hürlimanns Geschichte zusammen und bat Spiess-Hegglin um ein Gespräch. Sie schrieb nie zurück. Dafür meldete sich ihre Anwältin bei meinem Chef und verlangte, ihn zur Sache zu sprechen. Bald darauf erreichte mich eine Pushnachricht des Inhalts, meine Recherche unterliege einem superprovisorischen Verbot und dürfe nicht erscheinen.

Im Artikel hiess es, Spiess-Hegglin bezeichne mein Vorhaben als mein «privates Racheprojekt». Wofür ich mich angeblich rächen wollte, wurde nicht erklärt. Der Richter verbot mir aber vorsorglich, über den gesamten Themenkomplex Landammannfeier und Spiess-Hegglin zu publizieren. Dass hier erstmals das andere Opfer seine Sicht der Dinge ausführlich schildern sollte, schien dabei nicht zu interessieren.

Ich habe mich dem Verbot gefügt. Doch seit öffentlich geworden ist, dass ich mich gegen dieses Recherchier- und Schreibverbot wehre, bin ich einer nicht enden wollenden Hass- und Diffamierungskampagne ausgesetzt. Es erreichen mich Mails und Briefe, manchmal sogar eingeschrieben, die eindringlich oder drohend fordern, vom Projekt abzulassen. Ich wurde als Incel-Freundin (krankhafte Frauenhasser) bezeichnet, als Jolanda Spiess-Hegglins Stalkerin, Hunderte, ja Tausende hämische Twitter-Kommentare wurden über mich, mein Projekt und meine sonstige Arbeit als Journalistin verfasst. Kein einziger dieser Menschen wusste, was in meiner Recherche zu lesen sein würde. Allein die Tatsache, dass ich offenbar Fragen zu jener Nacht und ihren Folgen stellte, machte mich zur Zielscheibe.

Einer der Gründe, warum ich meine Recherche für wichtig halte, hat mit dieser Dynamik der sozialen Medien zu tun. Viel mehr als um jene Nacht vor acht Jahren geht es heute um deren Folgen. Wie Spiess-Hegglin zur Netzaktivistin wurde und den Skandal durch geschickte Bewirtschaftung der sozialen Medien in einen persönlichen Erfolg verwandelte. Um das richtig bewerten zu können, kommt man nicht darum herum, auch über das Initialereignis zu schreiben. Denn es ist die Interpretation jener Geschehnisse, um die bis heute mit grösstem Einsatz gekämpft wird.

Es geht auch um die Zeit, in der wir leben, in der feministischer Aktivismus und #MeToo Gesellschaft und Politik verändert haben. Im Allgemeinen zwar zum Guten, aber das ist nicht garantiert. Unter dem Druck sozialer Medien wird die öffentliche Wahrnehmung beeinflusst und damit auch die Politik und Justiz. Und nicht zuletzt gerät damit auch die Pressefreiheit unter Druck. Denn warum sollte der Beschuldigte in dieser Geschichte nicht auch das Recht haben, seine Perspektive darzustellen?

Im April 2022 hat das Bundesgericht das vorsorgliche Buchverbot aufgehoben, damit ist der Weg frei für Markus Hürlimanns Geschichte. Spiess-Hegglin hat öfters gesagt, sie wünsche sich eine Aufarbeitung der Affäre. Im Oktober habe ich sie gebeten, zu einem Fragenkatalog Stellung zu nehmen. Erneut hat sie die Gelegenheit ausgeschlagen.

Dezember 2022

Die Stunde Null

Wer gern und manchmal auch viel trinkt, kennt Nächte mit Fall-
türen. Abende, die zu flackern beginnen und sich im Dunkeln verlieren. Frauen wachen nach solchen Nächten oft neben Fremden auf,
ohne zu wissen, wo sie sie getroffen haben. Männer haben tags darauf vielleicht Beulen und Wunden, ohne sich zu erinnern, woher sie
stammen. Oder sitzen im Gefängnis. Blackout-Trinker kennen die
Panik, wenn sie am nächsten Morgen siebzehn unbeantwortete Anrufe auf ihrem Handy entdecken und sich die Frage stellt: Was wissen die, was ich nicht weiss? Oder sie entdecken in ihrem Handy
Fotos von sich und anderen, vielleicht in kompromittierenden
Posen, aber bei offensichtlich bester Laune – ohne sich daran erinnern zu können, diese geknipst zu haben. Wer so etwas nicht zum
ersten Mal erlebt, kennt die klandestinen Versuche, das Rätsel der
vergangenen Nacht aufzulösen. Man sichert in der eigenen oder
allenfalls fremden Wohnung Spuren und befragt beiläufig Zeugen.
Ein Blackout, sagt Sarah Hepola in ihrem gleichnamigen Buch, ist
«das Entwirren eines Rätsels. Detektivarbeit am eigenen Leben. Ein
Blackout heisst: Was ist gestern Nacht passiert? Wer sind Sie und
warum sind wir zusammen im Bett?»

Ähnlich muss es dem Zuger SVP-Politiker Markus Hürlimann am
Morgen des 21. Dezember 2014 gegangen sein. Um ungefähr neun
Uhr morgens war er zum ersten Mal aufgewacht, «ziemlich beduselt», wie er sich später in der Einvernahme zu den Ereignissen des
Vorabends erinnern wird. «Ich hätte nie Auto fahren können.» Es
war ein schöner Tag, aber kalt, Hürlimann fühlte sich elend. Sein
unterer Rippenbogen schmerzte bei jedem Atemzug, im Spiegel ent-
deckte er die Ursache: eine grosse Prellung am Rücken. Auch am
Ohr und am Knie hatte er Schürfungen. Essen kam nicht infrage, reden auch nicht. Und ins Tessin fahren, wie er und seine Frau Daniela

eigentlich geplant hatten, ebenfalls nicht. «Es war wie ein böser Traum», sagt Hürlimann in seiner Einvernahme vor der Zuger Staatsanwaltschaft, die zwei Tage später folgen würde. Doch der Albtraum hatte gerade erst begonnen. Es war der Morgen nach der Landammannfeier, die Stunde Null des Skandals, der als «Zuger Sexaffäre» in die Schweizer Mediengeschichte eingehen sollte.

Hätte Markus Hürlimann geahnt, was noch alles auf ihn zukommen sollte, hätte er sich anders verhalten? Bei der Landammannfeier – sicherlich. Er wäre früher heimgegangen, wie er später in einem Interview sagen wird. Doch in der Situation am Sonntagmorgen? Eine unmöglich zu beantwortende Frage. Die Ereignisse jenes Abends waren im Grunde keineswegs aussergewöhnlich. Jedes Jahr enden Weihnachtsessen mit Besäufnissen und Filmrissen und nicht selten auch sexuellen Aktivitäten. Und jedes Jahr leiden die Übeltäter danach. An der Alkoholvergiftung, an Gedächtnisverlust, an schlechtem Gewissen. Und wenn sie ihren Partnern etwas gestehen, leiden sie noch mal. Das dämmerte Markus Hürlimann in jenen frühen Stunden des Sonntagmorgens. Es könnte etwas gewesen sein, was seine Frau würde wissen wollen.

Im Verlauf des Sonntags versuchte Markus Hürlimann, zu Hause den Abend zu rekonstruieren. Es war ein spezieller Anlass gewesen. Geehrt wurde Landammann Heinz Tännler, Ex-FDPler und jetzt der starke Mann der Zuger SVP, der erste SVPler überhaupt an der Spitze der Zuger Regierung. Entsprechend pompös gestalteten sich die Feierlichkeiten: Apéro auf dem Landsgemeindeplatz bei ungewöhnlich mildem Wetter für Dezember, das Volk wurde mit Risotto, Würsten, Getränken und Musik bei Laune gehalten.

Die Polit-Elite von Zug war danach zum grossen Empfang auf die Schiffe MS «Zug» und MS «Rigi» geladen. Freunde, National- und Ständeräte kamen mit ihren Partnerinnen und Partnern, die Kantonsräte ohne. Es sollte ein Networking-Anlass werden, um sich mit vielen Leuten in ungezwungenem Rahmen zu unterhalten. Auf je einem Ober- und Unterdeck gab es Musik, verschiedene Buffets und Bars sowie ein auf den Abend verteiltes Programm mit Ansprachen, Laudationen und Musik. Ein Fest, so hielt die Zuger Zeitung am 22. Dezember 2014 fest, bei dem «geswingt, getanzt, gejazzt» wurde. «Und auch der Mann im Mittelpunkt [Heinz Tännler] liess für einmal die Arbeit ruhen und genoss lange die wohl schon bald als legendär geltende Party.» Prophetische Worte des stadtbekannten Journalisten Charly Keiser.

Hürlimann hatte sich im Verlauf des Abends «komplett abgeschossen», wie er der Staatsanwältin später erzählte. Er fasste auch zusammen, was er getrunken hatte: Auf dem Landsgemeindeplatz zwei Baarer-Bier, dann zwei, drei Gläser Prosecco zum Anstossen, zum Essen Wein, reichlich. Die Kellner hätten immer wieder nachgeschenkt. Dann die Frau, mit der er den Grossteil des Abends verbracht hatte, Jolanda Spiess-Hegglin. Sie seien sich sehr schnell sehr vertraut gewesen und entsprechend nahegekommen. An jenem verkaterten Sonntag schwante ihm langsam: Da war etwas gewesen. Woher hatte er die Prellungen? Wie war er nach Hause gekommen? In seiner Geldbörse fehlten 55 Franken, hatte er damit ein Taxi bezahlt? Aber warum hatte die Fahrt fast doppelt so viel gekostet wie normal?

Am Vorabend hatte alles bestens begonnen. Er war am Hauptspeisenbuffet auf Jolanda Spiess-Hegglin getroffen, damals Kantonsrätin der Alternative/Die Grünen in Zug, Co-Parteipräsidentin und aussichtsreiche Anwärterin auf einen Sitz im Nationalrat.

Markus Hürlimann wusste, wer sie war. Wie er hatte sie beim Kanton gearbeitet, und man lief sich in der grossen Kantine über den Weg. Später sah er sie auf Wahlkampfflyern und las ihre Leserbriefe in der Zeitung. Sie wusste auch, wer er war. Im Dezember 2013 hatte sie sich für mehr Krippenplätze in Zug starkgemacht und dafür in einem Leserbrief Hürlimanns Familienbild kritisiert: «Irgendwie scheint mir das von grösstenteils kinderlosen Herren ausgearbeitete

Partei-Familienbild nicht sehr glaubwürdig», schrieb sie. Krippen-plätze waren denn auch das Thema, als die beiden Politiker sich im August 2014 zum ersten Mal begegneten. Hürlimann hütete an der Zuger Messe den Stand der SVP, es gab Fondue und Erfrischungs-getränke, und plötzlich stand da Jolanda Spiess-Hegglin mit ihrer Schwester. Man trank ein Glas, die Schwester war freundlich, erin-nert sich Hürlimann, aber Spiess-Hegglin suchte die Auseinander-setzung. Es ging um sein Familienbild und überhaupt die SVP, aber es war ein freundliches Gespräch. Drei Monate später lud er die Politiker-Kollegin dann zu einer Mitgliederversammlung der SVP ein, wo sie mit Luzi Stamm auf einem Podium sass. An diesem Abend hatten sie sich nur kurz die Hand geschüttelt, auch wenn man ihnen später schon dort eine Annäherung andichtete.

Diese «auffallend hübsche» Linke, wie das Internet-Portal watson sie später bezeichnen wird, stand also am Hauptspeisenbuffet, als Hürlimann dort ankam. Die beiden verstanden sich sofort. Alle an-deren Gäste hatten sich zum Essen hingesetzt, aber der SVPler und die Alternative/Grüne blieben stehen, tranken und flirteten, zumin-dest nahm er es so wahr. Sie mussten ein seltsames Paar abgegeben haben und sie waren auch aufgefallen, wie er nun, am Morgen nach der Feier, realisierte. Er Präsident der kantonalen SVP, sie Co-Präsi-dentin der Alternative/die Grünen – man hatte sie darauf angespro-chen, dass sie sich offensichtlich so gut verstanden. Den ganzen wei-teren Abend waren sie sich nicht von der Seite gewichen, hatten politische Gespräche geführt und Privates geteilt, wie sie beide spä-ter schilderten. Sie schlossen einen Pakt, sich nie in den Rücken zu fallen. Jedenfalls hatte er das so verstanden.

Der Alkohol war kostenlos und floss reichlich. Gegen 23 Uhr war das ungleiche Paar im Bug des Schiffs gestrandet, wo es eng war und die halbe Politszene Zugs zu Heinz Tännlers Playlist tanzte: Es wurde viel Rock aus den Sechzigern gespielt. Rolling Stones, Sym-pathy for the Devil. Es gab eine kleinere Aufregung um die

Begleiterin eines Regierungsrates, die «auffällig gekleidet war und auffällig tanzte» und bedenklich torkelte, wie eine Zeugin später missbilligend aussagen wird. Aber die Stimmung war zu gut, als dass so etwas sie hätte trüben können. Erst als die auffällige Tänzerin sich im Vollrausch auf einen Stuhl plumpsen liess, wurde sie hinausbegleitet. Hürlimann und Spiess-Hegglin aber hatten das nur am Rand mitbekommen in ihrer Ecke, in der sie die Köpfe zusammensteckten und redeten, tranken und sich anstrahlten, wie es verschiedene Zeugen beobachteten – und wie auch auf dem bekanntesten Foto des Abends zu sehen ist. Die Stimmung war gut, da war ein Kribbeln, erzählte der SVPler später der Staatsanwältin. «Ich hatte den ganzen Abend das Gefühl, dass es auf etwas Bestimmtes rausläuft.» Als es gegen Mitternacht hiess, die Party gehe nun im Restaurant Schiff weiter, blieben die beiden Politiker auf ihren Plätzen sitzen. Erst als man ihnen die Mäntel brachte und sie darauf aufmerksam machte, sie seien nun die letzten Gäste, hätten sie realisiert, dass die anderen gegangen waren, so Hürlimann später. Er blickte noch auf die Uhr, sagt er der Staatsanwältin. Sie zeigte 00.05 an.

Von da an: Filmriss – Dunkelheit, in der etwas lauert, so sein Befund am Sonntagmorgen. Etwas, das schmerzt – bei jedem Atemzug spürte er seine Prellung. Sie mussten nach der offiziellen Feier auf den Schiffen noch weitergezogen sein, denn er hatte noch weitere Bilder im Kopf. Etwas mit der CVP-Kantonsrätin A. B., die ihm und Spiess-Hegglin eine Moralpredigt gehalten hatte, sie hätten «im Gang herumgeknutscht». Dann Bilder ohne Kontext: Ein entblösster Unterkörper, ein helles Licht, ein Knall, ein Sturz über eine Kante. Daher wohl seine Blessuren. Er erinnerte sich auch, dass die Grünen/Alternative-Politikerin zu ihm gesagt habe: «Jeder weiss es, wir haben es nun verbockt, alle haben uns gesehen.» So wird er es zumindest in der Einvernahme darstellen. Am jenem verkaterten Sonntagmorgen fragte er sich: Wer hatte was gesehen? Was hatten sie getan? Was hatte er getan?

14

Es hätte ein glorreicher Sonntag sein sollen für Markus Hürlimann. Erst vor zwei Jahren hatte er mit der Politik begonnen und war gleich kantonaler SVP-Präsident geworden. Im Herbst hatte er seinen ersten Wahlkampf geführt, und das erfolgreich: mit dem besten Resultat für die SVP Zug überhaupt. Zudem war er, gerade vierzig geworden, glücklich verheiratet und frisch gebackener Kantonsrat mit besten Aussichten auf eine glanzvolle weitere Karriere. Er hätte sich an diesem Sonntag im Tessin entspannen und auf Weihnachten freuen sollen. Doch das tat er nicht. Er fühlte sich haltlos, als gerate etwas ganz langsam ausser Kontrolle. Nur was es war, kriegte er nicht zu fassen. Musste er seiner Frau etwas beichten? Was hatten die anderen mitbekommen?

Hürlimann wird von seinem politischen und privaten Umfeld als analytisch denkender Mensch beschrieben, zurückhaltend und zuverlässig. Er wohnt noch immer in jenem kleinen Dorf, in dem sich seine Eltern im Jahr 1967 niedergelassen haben – das Haus hat er inzwischen übernommen und erweitert, um mit seinen Eltern unter einem Dach wohnen zu können. Damals war das Dorf nicht viel mehr als eine Ansammlung von Bauernhöfen gewesen, ohne asphaltierte Strassen, ohne Trottoirs oder Strassenlaternen. Auch heute zählt es nicht viel mehr als tausend Einwohner. Hürlimanns Eltern, katholisch und konservativ, kauften ein Stück Land, bauten ein Haus und zogen mit ihren Kindern ein. Danach wurde noch eine Tochter, Helen, geboren und 1974 ein «Nachzügler»: Markus.

Die drei älteren Schwestern, zwei bereits im Teenageralter, liebten ihren kleinen Bruder Markus und spielten mit ihm. Er war ein unproblematisches Kind, erzählt Helen, eine freundliche Mittfünfzigerin, die gern lacht. «Er war immer der Liebste der Familie. Die Eltern mussten nie mit ihm schimpfen, er überbordete nie, ganz im Gegensatz zu uns Schwestern, auch nicht in der Pubertät.» Vielleicht hatten die Schwestern aber auch einfach nicht alles von ihrem kleinen Bruder mitbekommen, da sie das Elternhaus zu diesem Zeitpunkt bald verlassen würden. Sie beschreiben ihn als korrekt, charmant, aber nicht berechnend genug, um Menschen umgarnen zu können. Als der kleine Bruder so fulminant in die Politik einstieg, freute das die Schwestern. Aber sie machten sich auch ihre Gedanken, ob er dazu geschaffen war. Ob er im Haifischbecken Politik nicht Schaden nehmen würde.

Markus trug als Pfadfinder den Namen «Strolch», ministrierte in der Kirche, spielte Volleyball, wobei er für den Verein den Kassier machte – auch lange nachdem er aufgehört hatte, aktiv zu spielen, wie seine Schwester beteuert. In der Familie wurde vermittelt, dass jeder es mit harter Arbeit, Sparen und Fleiss zu etwas bringen konnte. Nach dem KV begann Hürlimann in Zug im Amt für Migration zu arbeiten. Nach einigen Jahren erkannte er aber seine beschränkten Aufstiegsperspektiven, also absolvierte er die höhere Fachschule für Wirtschaft und hängte schliesslich noch ein Bachelorstudium an – das alles neben einem vollen Arbeitspensum. Im Studium lernte er Daniela kennen, die beiden verliebten sich, arbeiteten viel, hatten es aber gut zusammen und heirateten vier Jahre später. Er wünschte sich auch eine Familie, doch mit der Arbeit, Ausbildung und Politik stand das noch nicht zur Diskussion.

Markus Hürlimann redete nicht viel, an diesem Sonntag nach der Landammannfeier, es gab auch nicht viel zu reden, wie er und seine Frau Daniela sich erinnern. Sie war verärgert, weil er so spät und so betrunken nach Hause gekommen und heute zu gar nichts zu gebrauchen war. Sie konnte es nicht leiden, wenn er so trank, und vor allem hatten sie heute ins Tessin fahren wollen. Daran war aber gar nicht zu denken. Und vom ganzen Rest wusste sie zu diesem Zeitpunkt noch nicht mal etwas. Hürlimann versuchte ihr gegenüber seine Schmerzen zu verheimlichen und biss die Zähne zusammen, um Zeit zu gewinnen für die nötigen Recherchen zum vergangenen Abend, so schildert er es heute. Fragen wich er aus, raffte sich aber als Versöhnungsangebot zu einem Sonntagsspaziergang auf. Doch als sich sein Kopf gegen Abend langsam lichtete, wurde ihm klar, dass er früher oder später mit Daniela würde reden müssen.

Die Familie kommt bei Hürlimanns an erster Stelle. Man trifft sich jeweils sonntags bei den Eltern, so auch an diesem Sonntag. Schwester Helen Hürlimann erinnert sich, die Eltern hätten sich an jenem Sonntag über den Verbleib von Markus gewundert – man höre nichts aus der oberen Wohnung, was wohl los sei, wollten sie wissen. Die Schwestern sahen das gelassen. «Ich dachte: Der war im Ausgang und schläft halt länger. Etwas in der Art.» Der Bruder lag derweil oben im Bett und fragte sich, was er nun zu tun hätte. Morgen, wenn Daniela zur Arbeit fahren würde, konnte er Spiess-Hegglin anrufen und sie fragen, was Samstagnacht zwischen ihnen beiden geschehen war.

Am Montagmorgen, dem 22. Dezember, wählte er um 10.04 Uhr die Nummer von Jolanda Spiess-Hegglin. Über den Inhalt des Gesprächs werden sie bei ihren jeweiligen Einvernahmen unterschiedliche Angaben machen. Unbestritten ist, dass Hürlimann sie fragte, ob sie über die Nacht sprechen wolle und sie sagte, sie könne sich an nichts erinnern. Darauf erwiderte er, er habe ebenfalls einen kompletten Filmriss. Von ihr erfährt er nun, dass sie bereits am Vortag im Spital war wegen der Schmerzen im Unterleib, die sie sich nicht erklären kann. Hürlimann ist verwirrt. Kaum 24 Stunden später wird er in seiner Einvernahme schildern, wie er auf diese Information reagierte. Es sei aber doch so, fragte er sie, dass das, was auch immer zwischen ihnen vorgefallen sei, einvernehmlich stattgefunden habe. Sie erwiderte darauf, wenn sie nichts davon gewusst habe, könne von Einvernehmlichkeit ja wohl kaum die Rede sein. Dann fragte sie ihn ganz direkt: Hast du mir gestern etwas ins Getränk gemischt? Er antwortete: Nein, sicher nicht! Das ist seine Version.

Spiess-Hegglin schildert es in ihren beiden Einvernahmen anders: Hürlimann habe sie am Montag angerufen und sie gebeten, kein grosses Theater wegen der Sache zu machen. Seine Frau wisse nämlich von nichts. Diese Darstellung bestreitet Hürlimann bei seiner Einvernahme am Dienstag. Als er am Montagmorgen mit Spiess-Hegglin telefoniert habe, sei ihm bereits klar gewesen, dass er seiner Frau sowieso hätte sagen müssen, dass er fremd gegangen sei, wenn so viele Leute das offenbar mitbekommen hätten. So etwas spricht sich in einem Ort wie Zug schnell herum. Bei seiner Einvernahme schildert Hürlimann gegenüber der Staatsanwältin noch einen weiteren Austausch in diesem Gespräch: Jolanda Spiess-Hegglin habe ihm am Telefon gesagt, ihr Mann stelle Fragen. Sie sei bereits im Spital gewesen. Und übrigens brauche sie seine Kontaktdaten. Er solle ihr diese doch per Mail zukommen lassen.

Hürlimann wunderte sich zwar über diese Bitte: Hatte sie nicht bereits seine E-Mail und seine Telefonnummer? Dennoch versprach er es ihr. Nach zehn Minuten war das Gespräch vorbei.

Nach dem Telefonat war Markus Hürlimann erschüttert. Schockiert. Panik stieg von der Bauchgegend auf, mühsam rang er sie nieder. Spiess-Hegglins Stimme hatte ihn erschreckt. Maximal kalt und unnahbar war die Kantonsrätin ihm erschienen und damit im denkbar krassesten Widerspruch zum Samstagabend. War das überhaupt noch dieselbe Person, mit der er sich so gut verstanden, ja verbündet hatte? Warum wollte sie, dass er ihr eine Mail schrieb mit seinen Koordinaten? Die hatte sie ja schon. Er konnte sich keinen Reim darauf machen. Nach wie vor wusste er nicht, was genau er am Ende dieses Abends getan hatte. Angestrengt versuchte er sich zu erinnern, aber das meiste blieb im Dunkeln, präsent und doch ungreifbar wie ein halb vergessener Traum. Nur eine Sache war für ihn ganz sicher: Die Sache entwickelte sich in eine ungute, ja katastrophale Richtung.

Da Jolanda Spiess-Hegglin in ihrem Telefonat einen Parteikollegen Hürlimanns erwähnt hatte, den sie in ihrem «Erinnerungsflash» aus der Captain's Lounge mit grinsendem Gesicht gesehen haben will, wählte Hürlimann um 10.36 Uhr als Erstes dessen Nummer, erreichte ihn aber nicht. Eine halbe Stunde später rief er zurück, scheinbar bestens gelaunt. Hürlimann wollte von ihm wissen, was an der Landammannfeier passiert sei, und sein Parteikollege, so wird Hürlimann später aussagen, habe scherzhafte Anspielungen gemacht: Hürlimann und diese Grüne hätten sich ja offensichtlich sehr gut verstanden. Irgendwann seien sie verschwunden, und was dann geschehen sei, wisse er nicht. Dann erzählte ihm Hürlimann von seinem Gespräch mit Spiess-Hegglin, ihrem K.-o.-Tropfen-Verdacht. Der Parteikollege wurde schlagartig ernst. Er würde ihm raten, einen Anwalt zu nehmen, sagte er zu Hürlimann. Als dieser antwortete, er habe ja nichts getan, die Anschuldigungen seien absurd, sagte der Parteikollege: «Du weisst nicht, was die noch vorhat.»

Als Nächstes rief Hürlimann A. B. an, die ihm irgendwo eine Standpauke gehalten hatte, wie er sich verschwommen erinnerte. Sie schien von den Geschehnissen am Samstagabend ebenfalls belustigt und Hürlimann bat sie, ihm zu erzählen, was sie wisse. Laut ihrem Einvernahmeprotokoll erzählte sie ihm, er und die Grüne seien DAS Gesprächsthema gewesen, weil sie sich so auffällig nahegekommen waren. Später habe sie sie im Restaurant Schiff beim Knutschen erwischt und ihnen eine Standpauke gehalten, so etwas könne politisch ins Auge gehen. Danach seien sie wieder verschwunden und sie wisse nichts Genaueres. Gewisse Leute seien ihnen dann hinterhergeschlichen, weil sie die Gerüchte über sie beide verifizieren wollten. Sie selbst habe das Restaurant Schiff gegen 2.15 Uhr verlassen, sie beide seien da noch nicht wieder aufgetaucht. Dasselbe wird sie etwa 24 Stunden später auch vor der Staatsanwaltschaft aussagen.

Mittlerweile mit den Nerven am Ende, telefonierte Hürlimann mit SVP-Kampagnenleiter B. R. Dieser, 15 Jahre jünger als Hürlimann, war mehr als bloss ein Parteikollege. In den vergangenen zwei Jahren war er zu einem Freund geworden. Intensiv hatten sie während des Wahlkampfs zusammengearbeitet, hatten auch in der Freizeit

Dinge unternommen, Wanderungen, gemeinsame Essen am Sonntagabend. B. R. war so oft bei Hürlimanns am Esstisch gesessen, dass er sich selbst scherzhaft als ihren Adoptivsohn bezeichnete. Am Telefon schilderte Hürlimann dem Freund seine Situation. Es sei etwas vorgefallen, er habe Scheiss gebaut, und es könne nun sein, dass er deswegen politisch fertiggemacht werde. Offenbar habe er die Grüne geküsst. B. R. beschreibt es später als alarmierendes Telefonat. Hürlimann habe sehr nervös und verzweifelt getönt. Er habe ihm auch vom K.-o.-Tropfen-Verdacht erzählt und dass es nun ein Riesenchaos gebe. B. R. war überrascht. Das passte alles nicht zu Markus. «Ich fragte ihn, von welchem Teufel er geritten wurde», wird er bei seiner späteren Einvernahme sagen. Als Hürlimann ihm weiter erzählte, Spiess-Hegglin habe verlangt, er solle ihr eine Mail mit seinen Koordinaten schicken, warnte er ihn: «Pass auf und schreibe ihr so wenig wie möglich und ja nichts Persönliches.» Noch glaubte Hürlimann, das sei alles ein bisschen hysterisch, doch er befolgte den Rat und schickte Spiess-Hegglin nur seine Koordinaten, ohne weitere Bemerkungen. Tatsächlich würde in der Folge jedes Stückchen Information in diesem Prozess zur Waffe werden. Heute sagt Hürlimann: «Man stelle sich vor, ich hätte ihr geschrieben, es tue mir leid wegen vorgestern Abend. Das hätte mein Leben zerstören können.»

Am Montagabend weihte Hürlimann seine Frau ein. Es war ein schwieriges Gespräch, erinnern sich beide an diesen Abend. Er erzählte ihr alles, von der Feier, dem Alkohol, den Erinnerungslücken, der Situation, dem Gespräch mit Spiess-Hegglin, dem Spital, dem Verdacht und der Situation, in der er sich nun befand. Sie sagte nicht viel. Später zog sie sich an und lief hinaus in die Nacht, um in der kalten Winterluft Klarheit zu finden. Sie war wütend auf ihren Gatten, sie kochte. Doch die K.-o.-Tropfen-Geschichte war absurd. «Ich kenne meinen Mann, ich weiss, wer er ist. Er hat keinerlei kriminelle Energie. Diese Geschichte war falsch und ungerecht», sagt sie heute.

Sie sprachen nicht mehr viel an jenem Abend, sondern legten sich zeitig zu Bett.

Die Verhaftung

Am nächsten Morgen um 6.45 Uhr klingelte es an der Haustür von Daniela und Markus Hürlimann. Beide wussten, was das bedeutete. Polizei. Tatsächlich standen drei Beamte vor der Tür, die Hürlimann einen Durchsuchungsbefehl präsentierten. Dann verhafteten sie ihn wegen Verdachts auf Schändung. Es war Dienstag, der 23. Dezember. Hürlimann stand unter Schock, die ganze Szene erschien ihm surreal. Er war sich sicher, dass er unschuldig war, und auch die Polizisten standen eher verlegen in seiner Wohnung herum. Man kannte sich, war per Du, von seiner Zeit im Amt für Migration, wo er als korrekt bekannt war. Nun erklärten die Polizisten ihm, sie müssten die Wohnung durchsuchen und ihn mitnehmen. Er bat sie, noch schnell duschen und sich rasieren zu dürfen, was ihm erlaubt wurde. Während er unter der Dusche stand, inspizierten die Polizisten seinen Putzschrank. Die Substanz, die am häufigsten mit K.-o.-Tropfen assoziiert wird, heisst GHB – der Stoff kommt unter anderem in Putzmitteln zum Einsatz. Wenn die Beamten glaubten, im Putzschrank der Hürlimanns ein Chemielabor für den Hausgebrauch vorzufinden, wurden sie enttäuscht. Sie konfiszierten stattdessen die Kleidung, die er am betreffenden Abend getragen hatte. Derweil machte sich Hürlimann für den Termin bei der Staatsanwaltschaft bereit.

Einer der Beamten beschied ihm, als Pflichtverteidiger sei ihm Andreas Huwyler zugeteilt. Das habe Staatsanwältin Martina Weber so verfügt, denn sie könne gut mit Huwyler. Hürlimann antwortete auf diesen Vorschlag, der ehemalige CVP-Kantonalpräsident und Alt-Kantonsrat sei als direkter politischer Gegner ja wohl keine ideale Vertretung für ihn. Er würde sich einen eigenen Anwalt nehmen müssen. In ihrer Stellungnahme dementiert die Staatsanwaltschaft diese Darstellung: «Dass RA Huwyler ernannt wurde, hatte ausschliesslich mit der Verfügbarkeit von ihm vor den Festtagen zu tun.» Nach diesem Austausch in seinem Haus wurde Markus Hürlimann von den drei Polizisten abgeführt und zum Auto gebracht – ohne Handschellen, wofür er dankbar war. Die Beamten waren zu dritt im Zivilwagen vorgefahren, nun stiegen sie zu viert ein. Hinter der abgedunkelten Scheibe rollten sie im Morgengrauen den abgeernteten Feldern entlang hinunter zum See, wo die Stadt gerade aus dem Schlaf zu neuer Aktivität erwachte. Während die Beamten mit dem Verhafteten in die Tiefgarage des Polizeigebäudes hinunterfuhren, dachte Hürlimann darüber nach, in was er da hineingeraten war und was wohl noch alles kommen würde.

Daniela Hürlimann ist eine entschlossene Frau, aufrecht, mit schwarzem Haar und einem ebenmässigen Gesicht. Auch sie stand an diesem Dienstagmorgen unter Schock. Unter anderen Umständen hätte sie ihren Gatten, nachdem er ihr eine solche Eskapade gestanden hätte, vielleicht fortgeschickt, sich Zeit gelassen, über ihre Beziehung nachzudenken. Die Verhaftung stellte sie nun vor die Wahl: Entweder sie liess ihren Mann fallen und ihn diese Suppe selbst auslöffeln. Oder sie stellte sich an seine Seite und kämpfte mit ihm gegen diese in ihren Augen absurden und falschen Anschuldigungen an seine Adresse.

Ihr Mann brauchte einen Anwalt, und zwar schnell. Einen solchen am Vortag von Heiligabend zu finden, war eine alles andere als einfache Aufgabe. Es war der 23. Dezember, die halbe Welt unterwegs in die Weihnachtsferien. Daniela rief Manuel Brandenberg an, SVP-Kantonsrat, Anwalt, Parteikollege und Freund. Als Erstes fragte der sie: «Und, hat man ihn verhaftet?», so erinnert sich Daniela. Brandenberg selbst will heute nicht mehr dazu Stellung nehmen, woher er damals seine Informationen bereits hatte. Sicher ist, dass er den zweiten beschuldigten Mann im separat gegen ihn geführten Strafverfahren vertrat. Daniela informierte ihn an jenem Dienstagmorgen über Hürlimanns Verhaftung und dass er einen Anwalt brauche. Brandenberg schlug einen seiner Schulfreunde vor: Markus Dormann. Damit war Markus Hürlimann einverstanden. Er kannte Dormanns Vater, pensionierter Verwaltungsgerichtspräsident, von seiner Tätigkeit beim Amt für Migration. Ein vertrauenswürdiger Mann. Unmittelbar nach Danielas Anruf machte sich Dormann auf den Weg ins Polizeigebäude.

Als die Beamten mit Hürlimann an diesem Morgen gegen halb neun im Polizeigebäude ankamen, beschloss man, als Erstes mit ihm zum Restaurant Schiff zu fahren. Ziel war, den Ort des mutmasslichen Geschehens zu bestimmen. Um zehn Uhr trafen Hürlimann und die Polizisten beim Restaurant ein – ein im 16. Jahrhundert erbautes Haus in der historischen Altstadt, direkt am See gelegen. Es ist eine «Perle am Zugersee», bewirbt sich der Ort auf seiner Internetseite. «Im Restaurant ‹Schiff› am Zugersee trifft sich die Gesellschaft. Der Arbeiter und der Regierungsrat. Die Anwältin und der Hausmann», so heisst es dort. Die Dock-Bar, in der die Festgesellschaft die Landammannfeier noch hatte ausklingen lassen, ist ein Raum für rund 50 Leute mit neuen Parkettböden, einer offenen Küche und einer Cocktailbar, in der drei Beamte und Hürlimann auf eine Bardame trafen. Über Samstagabend wusste sie nichts Genaueres, wird einer der Polizisten im Rapport festhalten, aber sie führte die Besucher auf ihren Wunsch in die Captain's Lounge im zweiten Stock: Der kleine Konferenzraum ist im Riegelbaustil gehalten und blickt «mit echter Captain's-Table-Atmosphäre», so die Website, direkt auf den Zugersee. Hürlimann war bis am Abend der Landammannfeier noch nie dort gewesen, und weil er an die Zeit in der Captain's Lounge kaum mehr Erinnerungen hatte, erkannte er an diesem Dienstag die Räumlichkeiten nicht wieder. Er konnte den Polizisten nicht weiterhelfen, was er hier gemacht haben sollte. Und so stand er ein paar Minuten ratlos mit den Beamten herum, erzählt er, bis sie wieder hinuntergingen und sich von der Bardame verabschiedeten. Nun, da die Bardame in einem der bekanntesten und beliebtesten Zuger Restaurants Bescheid wusste, war sich Markus Hürlimann ganz sicher, dass bald jeder in Zug davon erfahren würde. Wieder fragte er sich, wie er in diese Situation hatte geraten können. Noch immer konnte er es nicht fassen, aber er wusste auch nicht, was er tun könnte. Er fühlte sich wie gelähmt, als würde all das jemand anderem passieren. So erinnert er sich heute an diesen Morgen. Nach einer halben Stunde machten sich die Polizisten und Hürlimann auf den Weg zurück ins Polizeigebäude.

Dort war inzwischen sein Anwalt Markus Dormann eingetroffen. Hürlimann sagte ihm, er wisse nicht genau, worum es bei der ganzen Sache gehe, er habe nie etwas mit K.-o.-Tropfen zu tun gehabt. Dormann informierte ihn seinerseits, für die ihm zur Last gelegten Verbrechen drohten beträchtliche Strafen. Mehrere Jahre Gefängnis. Das tönte nun richtig ernst. Mittlerweile war es zwölf, die Polizisten verabschiedeten sich in den Mittag. Den Verdächtigen setzten sie ausserhalb der Räumlichkeiten der Staatsanwaltschaft auf eine Bank und drückten ihm ein Sandwich in die Hand. Dann liessen sie ihn allein.

Da sass er nun, an diesem 23. Dezember 2014. Seine Prellung am Rücken pochte wütend, er würde wohl doch noch zum Arzt gehen müssen. Sonst empfand er nichts. Er fühlte sich leer. Angst hatte er, ja, aber auch Zuversicht, dass sich schon alles klären würde. Andererseits wusste er auch von Männern in ähnlichen Situationen, denen Dinge, die zunächst bedeutungslos schienen, wie etwa missverständliche SMS, zum Verhängnis geworden waren. Könnte ihm das passieren? Aber er war doch unschuldig, sagte er sich – ganz sicher hatte er ihr nichts ins Getränk gemischt. Immer noch sass er allein hier im Polizeigebäude. Er kannte es gut aus seiner Zeit im Amt für Migration. Eigentlich hätte er aufstehen und einfach gehen können, vielleicht in einen Zug steigen. Oder in ein Flugzeug, wegfliegen, bis sich die Sache geklärt hatte, so wie es der zweite Mann an diesem Morgen getan hatte. Aber Hürlimann war von seiner Unschuld überzeugt und tat deshalb das, was ihm als das einzig Vernünftige erschien: dableiben. Die Sache würde sich klären, so war er sich sicher – oder vielmehr hoffte er.

Als Markus Hürlimann am Dienstagmittag mit seinem Sandwich auf die Rückkehr der Polizisten und der Staatsanwältin wartete, wusste er nichts von der Aussage, die Jolanda Spiess-Hegglin 21 Stunden zuvor bei der Polizei gemacht hatte. Am Montag um 12.05 Uhr war bei der Zuger Polizei die Meldung des Kantonsspitals eingegangen. «Ich müsste ihnen einen Fall melden, und zwar wegen K.-o.-Tropfen. […] Soviel uns bekannt ist, müssen wir das melden», sagt die Assistenzärztin Gynäkologie auf der Tonbandaufzeichnung dieses Anrufs. «Die Patientin wäre auch bereit, eine Aussage zu machen […]», heisst es. Die Assistenzärztin informiert den Polizisten auch über Haar- und Speichelproben, die man für die Rechtsmedizin in Zürich gemacht habe. «Also läuft es auf eine Vergewaltigung heraus?», fragte der Polizist. «Ja», antwortet die Ärztin und weiter: «Es ist mit der Patientin so abgesprochen, dass wir das bei ihnen melden und sie ist darüber informiert. […] Sie erwartet ihren Anruf.»

Ab 15.07 Uhr wird Jolanda Spiess-Hegglins Aussage bei der Kantonspolizei Zug auf Video aufgezeichnet. Das Video wird von der Staatsanwaltschaft unter Verschluss gehalten, aber in den Akten findet sich eine Notiz zum Inhalt. Darin heisst es: Sie (Jolanda Spiess-Hegglin) habe am Abend um 18.00 Uhr ein Bier getrunken und ca. drei Gläser Rotwein. Schon bald sei der Herr zu ihr gekommen, um den es gehen würde. Er habe gewusst, wie alt ihre Kinder sind, wo sie sich beworben habe etc. Er sei bei ihr gestanden und habe nicht von ihr abgelassen, auch, als sie die Gruppe wechseln wollte, habe er sie zurückgehalten. Am Schluss des Abends seien sie im Bug des Schiffes gewesen – es sei laut gewesen. Drei Mal sei sie an diesem Abend zur Toilette gegangen und habe jeweils das Getränk bei ihm gelassen. Gegen 23.45 Uhr sei sie das letzte Mal zur Toilette gegangen und sei nicht getorkelt oder so, habe noch einen Tweet absetzen wollen, was sie aber nicht gemacht habe, und habe nachgeschaut, wann der Bus fahre. Sie erinnere sich, welche Leute sie auf dem Weg zur Toilette getroffen habe und sei klar im Kopf gewesen. Sie sei wieder nach oben gegangen, habe sich hingesetzt, und von da an wisse sie nichts mehr. Die nächste Erinnerung sei am nächsten Morgen, als sie aufwachte. Es sei ihr gut gegangen, sie habe mit den Kindern gespielt. Sie habe einfach starke Schmerzen im Unterleib gehabt. Ihr sei ein Bild im Kopf geblieben. Es habe einen Knall gegeben, sie sei dadurch wie erwacht. Sie denke, es könnte ein Tisch oder Stuhl gewesen sein, welcher kippte, worauf sie heruntergefallen sei. Sie habe eine Neonröhre gesehen. Sie habe zwei Männer gesehen. Einer sei Markus Hürlimann gewesen, welcher entblösst vor ihr stehe und daneben XY (der zweite Mann) mit einem Grinsen im Gesicht. Sie wolle keine falschen Leute beschuldigen, aber dies sei ihr Bild gewesen. Sie habe eine Verletzung am rechten Unterschenkel. Nach der Einvernahme am Montagnachmittag unterzeichnet Jolanda Spiess-Hegglin ein Formular, wonach sie sich als Privatklägerin am Verfahren beteiligt. Den Vorfall beschreibt sie hier mit «Sexualdelikt/Schändung», als beschuldigte Person nennt sie «Hürlimann Markus».

Im weiteren Verlauf der Affäre werden diese Erstaussage und die Privatklage wichtig werden. Spiess-Hegglin und ihre Anwälte werden immer wieder betonen, die Strafuntersuchung sei in Gang gesetzt worden, weil Schändung ein Offizialdelikt sei. Im Verlauf der vergangenen Jahre haben Spiess-Hegglin selbst sowie ihre verschiedenen Anwälte und Fürsprecher beteuert, sie habe weder Anzeige erstattet noch gewollt, dass es zu einem Strafverfahren komme. Tatsache ist aber, dass das Spital die Polizei nicht ohne, sondern mit ihrem Einverständnis informiert hat. Tatsache ist auch, dass Spiess-Hegglin bei der Polizei zwei Männer ausdrücklich benannt und die Ereignisse an jenem Abend so dargestellt hat, dass der Verdacht, ihr sei eine Substanz verabreicht worden, auf Markus Hürlimann beziehungsweise den zweiten Mann fallen musste. In den Akten ist denn auch eine Strafanzeige zu finden. Dort steht: Meldeeingang durch X., Assistenzärztin des Kantonsspitals Zug. Anzeige durch: Spiess-Hegglin Jolanda.

Spiess-Hegglin berichtete später, eine Ärztin am Kantonsspital habe ihr erklärt, das Spital reiche automatisch Strafanzeige wegen Schändung ein, weil es sich um ein Offizialdelikt handle. Obwohl für das Spital keine Anzeigepflicht bestand, schien die meldende Ärztin irrtümlich von einer solchen ausgegangen zu sein, als sie der Polizei am Telefon mitteilte, sie «müsse» einen Fall melden. Es war aber nicht das Spital, sondern Spiess-Hegglin, die der Polizei gegenüber Hürlimann erstmals als Verdächtigten angab.

Zwar stützte sich Spiess-Hegglin in den letzten Jahren in Verfahren immer wieder auf eine Aussage in der Einstellungsverfügung vom 27. August 2015, die belegen sollte, dass sie unbeteiligt war: «Jolanda Spiess äusserte zu keinem Zeitpunkt die konkrete Beschuldigung, wonach ihr Markus Hürlimann entweder eine sedierende Substanz verabreicht, noch er gegen ihren Willen an ihr eine sexuelle Handlung vollzogen hätte.» Doch verschwieg sie jeweils den nachfolgenden Satz in dieser Verfügung: «Gestützt auf die Erstaussagen von Jolanda Spiess wurde gegen Markus Hürlimann eine Strafuntersuchung wegen Schändung eingeleitet.» So hielt das Zuger Obergericht im rechtskräftigen Urteil vom 12. Mai 2016 in aller Klarheit fest, Spiess-Hegglins Behauptung, die Strafanzeige gegen Hürlimann sei vom Kantonsspital eingereicht worden, sei «unbegründet». Denn die Strafuntersuchung gegen seine Person sei tatsächlich durch Spiess-Hegglin ausgelöst worden – nachdem sie ihn «anlässlich ihrer Erstaussagen eines strafrechtlich relevanten Verhaltens bezichtigt hatte».

Am Dienstagnachmittag um 13.05 Uhr wird Markus Hürlimann von Staatsanwältin Martina Weber einvernommen. Weber ist Präsidentin im örtlichen Schützenverein, FDP-Mitglied und Bürgerrätin. Sie und Hürlimann kannten sich aus seiner Zeit im Amt für Migration, besonders sympathisch war man sich laut Hürlimann damals nicht. Aufgewachsen im selben Dorf wie Spiess-Hegglin, hat Weber aber auch mit Spiess-Hegglin «das Heu nicht auf der gleichen Bühne», wie Radio Pilatus im Mai 2016 unter Berufung auf Spiess-Hegglin festhalten wird. Eine Anfrage um ein Gespräch für diesen Text lehnte die Staatsanwältin mit Verweis auf das Amtsgeheimnis ab.

Auch zur SVP hatte die Staatsanwältin ein eher angespanntes Verhältnis, das von einem einige Jahre zurückliegenden Ereignis herrührt. 2007 hatte es am Kreuzplatz in Baar eine Schlägerei mit tödlichem Ausgang gegeben. Zwei Mazedonier hatten einen Schweizer niedergeschlagen, der unglücklich stürzte und seinen Verletzungen erlag. Weber war im Fall als Untersuchungsrichterin eingesetzt und plädierte auf fahrlässige Tötung. Den Haupttäter nahm sie nicht in Untersuchungshaft, weil keine Fluchtgefahr bestehe, wie sie damals sagte. Danach brach ein politischer Disput los, der Zug in Aufruhr versetzte. Die SVP tobte, dies sei ein «Skandal im Untersuchungsrichteramt», in verschiedenen Leserbriefen wurde Webers sofortige Suspendierung verlangt. Diese sagte damals in den Medien: «Das ist eine politische Diskussion. Ich nehme das zur Kenntnis.» Schützenhilfe bekam sie vom ihr nahestehenden FDP-Kantonalpräsidenten. Die SVP mache Wahlkampf auf dem Buckel eines tragischen Todesfalls, sagte dieser der Zeitung. Folgen hatte die Sache für Weber keine.

Nun sitzen Weber, die Protokollführerin, Anwalt Markus Dormann und Hürlimann im obersten Geschoss der Polizeidienststelle Zug in den Räumen der Zuger Staatsanwaltschaft: karge Büros mit grauem Spannteppich, Betonwänden, Wandschränken und einer Fensterfront, die auf die Stadt blickt. Martina Weber am Einvernahmepult, daneben die Protokollführerin am PC, die Rechtsvertreter. Alle sind per Du. Nach wie vor weiss Hürlimann nicht, was ihm genau vorgeworfen wird. Und wie er sich wehren soll.

Weber beginnt mit der Einvernahme. Sie lässt ihn den Abend schildern, fragt nach der Stimmung zwischen ihm und Spiess-Hegglin, will wissen, wie viel er getrunken habe, wie viel sie getrunken habe, in welchem Zustand sie beide das Schiff verlassen hätten. Er sagt ihr, was er noch weiss. Dass er sicher genug getrunken habe: Bier, dann Prosecco, dann Wein. Er erinnere sich, wie er einmal eine Flasche Pinot Noir aus Fläsch, Barrique Version, genommen und die Gläser von sich und Spiess-Hegglin bis fast unter den Rand gefüllt habe. Er habe «recht getankt». Was Spiess-Hegglin denn so getrunken habe, will Weber wissen, und er antwortet, soviel er wisse Prosecco und mit Sicherheit hätten sie zusammen Wein getrunken. Wieviel Wein sie getrunken habe, wisse er nicht. Bis zum Zeitpunkt, da auch seine Erinnerung brüchig werde, hätten sie beide sich «komplett abgeschossen» und seien wohl in einem ähnlichen Zustand gewesen. Danach wisse auch er nicht mehr viel. Weder wie sie ins Restaurant Schiff gekommen seien noch was sie dort gemacht hätten.

«Offenbar», sagt die Staatsanwältin irgendwann, «kam es zum Geschlechtsverkehr. Können Sie etwas dazu sagen?» Markus Hürlimann antwortet, an den Akt selbst habe er keine Erinnerung, auch nicht an andere Leute im Raum. Aber er erwähnt das eine Bild mit dem entblössten Unterkörper. Weber will erneut wissen, ob es zu Geschlechtsverkehr gekommen sei. Hürlimann sagt, er glaube, es könnte zu intimen Berührungen, vielleicht auch mehr gekommen sein, aber er wisse es nicht.

Weber fragt weiter: Gemäss Auskunft Spiess-Hegglin habe er ihr eine Mail geschrieben – was der Inhalt sei. Hürlimann antwortet: «Ja, auf ihren Wunsch, sie wollte meine Koordinaten.» Nach zwei Stunden ist seine Einvernahme beendet und es steht die nächste an. Vor der Tür steht die CVPlerin A. B.

A. B. sagt aus, sie habe Hürlimann und Spiess-Hegglin gegen Mitternacht im Schiffsbug gesehen. Beide schienen ihr nicht übermässig alkoholisiert zu sein. Auffällig sei allerdings der Fokus der beiden aufeinander gewesen. Das sei auch anderen aufgefallen, weshalb es schon auf dem Schiff erste Bemerkungen dazu gegeben habe. Später seien sie alle ins Restaurant Schiff gegangen, ungefähr 50 Leute. Markus und Jolanda seien «auffällig nah» gewesen, praktisch alle hätten über die beiden geredet. Dann hätten sie sich in den ersten Stock verzogen, man habe ihnen «Gute Nacht» hinterhergerufen. Ihr persönlich habe das aber keine Ruhe gelassen, weshalb sie selbst den beiden hinterher sei und sie auf dem Zwischenboden zum ersten Stock beim Küssen erwischt habe. Da habe sie interveniert. Jolanda sei davongerannt und habe sich zu verstecken versucht, aber sie und Markus hätten die Grünen-Politikerin vor der Toilette eingeholt. Ob sie nicht wisse, dass so etwas der politische Todesstoss für eine Frau sei, habe sie Jolanda gefragt. Aber die beiden seien sehr betrunken gewesen, hätten mit ihr geblödelt: Jolanda habe «papageiert», also wie ein Kind nachgesprochen und ihr politische Deals vorgeschlagen. Beide hätten ein «dummes Grinsen, wie wenn man jemanden erwischt» im Gesicht gehabt. Schliesslich habe sie sie alleingelassen, sie seien ja erwachsen. Aber sie sollten «keinen Seich» machen.

A. B. ging zurück zur Festgesellschaft im Restaurant. Dort zerriss man sich die Mäuler über die beiden Kantonsräte, schildert sie der Staatsanwältin die Situation in der Schiffbar. A. B. wandte sich deshalb an R. H., einen Freund der Familie Spiess und Bandkollege ihres Mannes. «Die küssen sich, was sollen wir tun?», habe sie ihn gefragt. Aber der habe auch keine Antwort gewusst. Später seien noch weitere Leute hinaufgeschlichen und hätten rapportiert, man habe Kleidung herumliegen sehen, weiss A. B. Von dem Moment hätten alle nur noch Witze über die beiden gerissen.

«Als Sie Markus und Jolanda auf dem Zwischenboden gesehen haben, hatten Sie da in irgendeiner Form das Gefühl, dass irgendjemand von irgendjemandem dazu gezwungen wird, etwas zu tun, was er nicht will?», will die Staatsanwältin wissen.

«Nein, wenn ich dieses Gefühl gehabt hätte, wäre ich nicht weggegangen. Ich kenne mich aber mit K.-o.-Tropfen oder was da sonst herumgeistert, nicht aus. Ich hatte einfach das Gefühl, dass beide besoffen sind und einen hormonellen Schub haben.»

Auf die Frage, ob es zu Geschlechtsverkehr gekommen und ob der freiwillig gewesen sei, sagt die Zeugin: «Geküsst hat sie ihn mit Sicherheit freiwillig, und sie versuchte sich ja dann auch zu verstecken, als ich ihr nachgerannt bin.»

Um 17.30 Uhr am Dienstagnachmittag ist A. B.s Einvernahme beendet und Hürlimann, welcher beim Gespräch daneben sitzt, ist erleichtert. Die Zeugin, so glaubt er, hat ihn in allen Punkten entlastet. Deshalb ist er bass erstaunt, als die Staatsanwältin ihm mitteilt, sie habe Haft angeordnet. Haft? Hat sich nicht gerade eben klar ergeben, dass der K.-o.-Tropfen-Verdacht gegen ihn aus der Luft gegriffen ist? Die Staatsanwältin sieht das anders. Es gehe um Kollusionsverdacht mit dem zweiten Mann, sagt sie, dem Parteikollegen Hürlimanns, den Spiess-Hegglin in ihrer Einvernahme vom 22. Dezember genannt hat. Später wird Hürlimann erfahren, dass sich besagter Parteikollege am Dienstagmorgen, zum Zeitpunkt, da man ihn verhaften wollte, schon im Transitbereich des Flughafens irgendwo auf dem Weg nach Gran Canaria befand, um die Weihnachtsfeiertage in der Wärme zu verbringen.

Alle sitzen im Einvernahmeraum, Hürlimann und Dormann verstehen nicht, was da vor sich geht. Dann lässt ihn die Staatsanwältin wissen, der Blick habe gerade angerufen. Zum ersten Mal kommt Hürlimann der Verdacht, dass es hier um etwas ganz anderes als Gerechtigkeit gehen könnte. Dass das Politik ist. Dass Kräfte am Werk sind, die es auf ihn abgesehen haben, ein Exempel an ihm statuieren wollen. Er weiss noch nicht, dass Weber zuvor bereits mit dem frisch gewählten Kantonsratspräsidenten und höchsten Zuger, Moritz Schmid telefoniert hat: «Im Auftrag des Obergerichtspräsidiums hat die Staatsanwaltschaft den damaligen Kantonsratspräsidenten Moritz Schmid informiert, dass ein Strafverfahren eröffnet worden ist, ohne weitere Details zu nennen», sagt dazu die Staatsanwaltschaft Zug.

Moritz Schmid, Gipsermeister aus Walchwil, ist in Zug eine politische Institution. Seit 1998 politisiert er für die SVP im Zuger Kantonsrat und gilt als besonnener Typ. 2001 überlebte er das Attentat auf das Zuger Kantonsparlament mit einem

Durchschuss in der Hand, zu sehen auf dem bekanntesten Pressefoto zu diesem Ereignis. Schmid kann nichts so schnell aus der Ruhe bringen. An das Telefonat mit Martina Weber irgendwann im Verlauf des Dienstags erinnert er sich noch heute. Sie habe ihn dazu bringen wollen, den Kantonsrat zu informieren. «Ich sagte ihr, dass das meiner Meinung nach nicht die Aufgabe des Kantonsratspräsidenten sei. Zudem war ich zu diesem Zeitpunkt noch gar nicht im Amt.» Das sollte er erst am 1. Januar antreten, weshalb ihm für ein solches Vorhaben ohnehin die notwendigen Unterlagen und Adressen fehlten. «Heute interpretiere ich es so, dass die Staatsanwältin mich zu etwas verleiten wollte, was ich gar nicht durfte.» Die Zuger Staatsanwaltschaft will zu diesem Vorwurf keine Stellung nehmen.

Das Mobiltelefon hat man Hürlimann abgenommen. Aber später wird er sehen, dass er um 15.47 Uhr den Anruf eines Blick-Journalisten verpasst hat. Um 16.07 Uhr geht die Geschichte auf Zentralplus online, ohne Namen und Bilder. Schlagzeile: «Was geschah nach der Landammannfeier? – Die Zuger Polizei hat am Dienstagmorgen einen Mann verhaftet. Er soll einer Zuger Politikerin nach der Landammannfeier K.-o.-Tropfen in ihr Getränk geschüttet haben. Was danach geschah, ist unklar.» Von dieser Initialzündung zur späteren Medienschlacht bekommt Markus Hürlimann zunächst nichts mit. Er ist mit den beiden Polizisten vom Morgen unterwegs zum Polizeigebäude, wo er in die Zelle gesteckt werden soll. Die Polizisten schimpfen, so erinnert er sich: «Das gibt es gar nicht, Markus, die weiss, dass du unschuldig bist.» Die Staatsanwältin will ihn in eine überwachte Zelle stecken, in der das Licht 24 Stunden brennt und eine Kamera den Gefangenen filmt. «Nicht, dass du dir noch etwas antust, Markus», so habe sie ihr Vorhaben begründet, sagt Hürlimann. Er entgegnete ihr, das sei nicht nötig: «Erst veranstaltest du dieses ganze Theater und jetzt machst du dir plötzlich Sorgen um meine Gesundheit? Ich werde mir ganz sicher nichts antun», versicherte er ihr. «Ich will das Ende dieser Farce miterleben.» Darauf würde er noch lange warten müssen.

Es ist Dienstagabend, 18.00 Uhr, und Markus Hürlimann weiss, dass er mindestens zwölf Stunden in Haft bleiben muss. Er ist in einer sogenannten Schub-Zelle untergebracht, die noch karger ausgestattet ist als normale Gefängniszellen: zwei mal vier Meter nackter Beton, eine Betonpritsche mit dünner Matratze, Lavabo und WC-Schüssel aus Stahl, kein Tageslicht. Normalerweise werden diese Zellen für Gefangenentransporte zwischen der Zuger Polizei und der Strafanstalt genutzt. Nun sitzt Hürlimann drin. Er hat sich aus der sehr übersichtlichen Büchersammlung eine kleine Bibel ausgesucht. In den Neben-zellen hört er die Unterhaltung zweier Häftlinge, in einer ihm fremden Sprache unterhalten sie sich laut über ihre Zellwände hinweg. Das Gebrüll geht Hürlimann auf die Nerven und er fragt sich, um welche Sprache es sich handelt. Aus seiner Zeit im Migrationsamt kennt er die unterschiedlichsten Idiome, doch das hier kann er nicht zuordnen. Zum Abendessen wird ihm wiederum ein Käsesandwich überreicht, das er hungrig verschlingt. Dann versucht er, die Bibel zu lesen, aber in der winzigen Ausgabe, die er hat, ist die Schrift zu klein, als dass er sie entziffern könnte.

Daniela ist derweil von der Arbeit in Zürich nach Hause zu-rückgekehrt und hat vom Anwalt erfahren, dass ihr Mann in-haftiert worden ist. Sie kocht sich eine Bouillon, obschon sie nicht hungrig ist. Aber irgendwas muss sie ja essen, sagt sie sich. Wieder klingelt es an der Türe. Diesmal steht Thomas Ae-schi davor, ein Freund ihres Mannes aus der Politik und fast so etwas wie ihr Nachbar. Seine Eltern kennen die Eltern von Mar-kus und haben schon manche schönen Momente zusammen verbracht, wohnen nur 500 Meter Luftlinie entfernt. Daniela bittet ihn herein.

Aeschi setzt sich aufs Sofa, sie rührt in ihrer Bouillon, erzählt sie. Ihr wird nicht klar, was er will, er scheint herumzudrucksen. Aeschi sagt heute, er habe herauszufinden versucht, was genau passiert sei und wie es Markus und ihr gehe. Er habe dem Markus eine Mail geschrieben, als er vom Vorfall gehört habe, sagt er. Aber der habe nicht zurückgeschrieben und auch sonst habe er nichts von ihm gehört…? Das Fragezeichen bleibt in der Luft hängen wie eine Seifenblase, bevor sie zerplatzt. Daniela schweigt, fragt sich, was er genau will. Es habe jemand vom Blick angerufen, versucht es Aeschi erneut, doch er habe dem Journalisten keinen Kommentar gegeben. Wieder schweigen sie, bis sich Daniela zu ihm umdreht. Ja, Markus sei in Haft, sagt sie. Wegen dieser Sache. Dann konfrontiert sie ihn: «Was ist da eigentlich gelaufen? Du kennst uns doch. Du hattest so oft mit ihm zu tun. Du warst an der Landammannfeier und hast das mit Markus und dieser Grünen mitbekommen. Warum bist du nicht eingeschritten? Warum hast du nicht angerufen? Ich wäre sofort gekommen und hätte ihn abgeholt.» Aeschi erwidert, er sei ja nur am offiziellen Teil der Feier gewesen, als alles in bester Ordnung schien, und habe das unschöne Nachspiel nicht miterlebt. Als das Telefon in seiner Jackentasche klingelt, wirkt der Politiker erleichtert. Kurz darauf entschuldigt er sich und verabschiedet sich hastig. Aeschi, so scheint es Daniela, ist heilfroh, kann er gehen. Er lässt Hürlimanns Frau mit ihren Gedanken allein.

«Ich bin eine Kämpfernatur», sagt Daniela Hürlimann. «Ich kann nett sein, aber wenn es darauf ankommt, treten die Gefühle in den Hintergrund. Dann bin ich kalt und knallhart.» Nach dem seltsamen Auftritt von Aeschi packt sie für ihren Mann das Necessaire und bringt es ihm gegen 20.00 Uhr ins

Gefängnis. Als die Polizei es entgegennimmt und darin einen Rasierer entdeckt, mahnt der Beamte die Gattin, so etwas sei nicht zulässig in einem Gefängnis, aber er würde ein Auge zudrücken.

«Das nächste Mal», sagt der Polizist mit einem freundlichen Lächeln, «lassen Sie den Rasierer daheim.»

«Es wird kein nächstes Mal geben», zischt Daniela. Dann muss sie wieder gehen, denn das Gefängnis ist bereits geschlossen. Abends ist es unbewacht, und es patrouillieren nur noch Securitas. Daniela Hürlimann darf ihren Mann nicht sprechen, weiss nicht, wie es ihm geht, ist an diesem Abend vollkommen allein mit ihren aufwühlenden Gefühlen.

Markus Hürlimann sagt, es sei sein Glück gewesen, dass er das Gefängnis und seine Abläufe kannte, wusste, was ihn hier erwartete. «Wäre ich unvorbereitet in diese Situation gekommen, wäre meine Welt wohl untergegangen», sagt er heute. Doch so ist er an jenem Abend immer noch zuversichtlich, dass sich bald alles klären wird. Er weiss, die Einvernahme von A. B. hat ihn entlastet. Er weiss, er hat Spiess-Hegglin nicht betäubt, sagt er. Und die Sache mit dem Blick wird wohl nicht so schlimm sein, beruhigt er sich. Vielleicht schreiben sie am Ende gar nichts, wenn sie herausfinden, dass nichts passiert ist, macht er sich Mut. Doch es ist zumindest so viel passiert, dass er aufgrund eines Verdachts in einer Zelle sitzt – die Medienmaschine ist nicht mehr aufzuhalten.

Wie er so auf seiner Pritsche auf den Morgen wartet und nicht richtig weiss, was er tun soll, starrt er auf seine Socken, Rohner-Socken, nagelneu und teuer. Und sie haben bereits ein Loch, ein Detail, das ihn über die Massen ärgert, wie er sich erinnert. Noch immer hört er die Häftlinge mit ihrem heiseren Gebrüll über die Zellenmauern hinweg, es raubt ihm den letzten Nerv. Er macht sich die Ohrenstöpsel rein, die seine Frau umsichtig für ihn eingepackt hat, und hofft auf ein bisschen Schlaf.

Als ihn am nächsten Morgen ein Beamter an der Schulter berührt, ist Markus Hürlimann mit einem Satz auf den Beinen, noch bevor er weiss, wo und warum er hier ist. Dann dämmert es ihm. Er ist im Knast. Heute Morgen, so wird er informiert, stehen noch zwei weitere Einvernahmen an, danach soll er entlassen werden. Es ist Mittwoch, der 24. Dezember. An diesem Morgen prangt auf der Titelseite des Blick und damit an allen Kiosken des Landes die Schlagzeile: «Hat er sie geschändet?» Zu sehen ist sein Bild und das von Spiess-Hegglin. Doch von dieser neuerlichen Eskalation und Katastrophe weiss Markus Hürlimann an jenem Morgen, als er im Gefängnis erwacht, noch nichts. Er ist Optimist. Er vertraut darauf, dass alles gut wird.

Wenig später kommt der zuständige Aufseher der Strafanstalt bei ihm vorbei. Auch ihn kennt Hürlimann von früher, ihre Familien kennen sich, entsprechend jovial ist der Umgangston. «Was machst du denn da? Ich habe davon im Blick gelesen», sagte der Aufseher. Hürlimann staunt – im Blick? Dann hat die Boulevardzeitung nun also doch berichtet? Das ist nicht gut. Allerdings warnt ihn zu diesem Zeitpunkt niemand vor dem Ausmass der Katastrophe. Er weiss nicht, dass er mit Namen und Bild genannt wird, dass man ihm eine mögliche Schändung unterstellt. Der Aufseher sagt zu ihm: «Wenn ich davon gewusst hätte, hätte ich dir eine bessere Zelle gegeben. Aber warte, ich bestelle dir ein schönes Frühstück.» Dann telefoniert er mit der Küche und bringt wenig später ein Tablett mit Käse, Schinken, Joghurt in die Zelle. «So, jetzt hast du wenigstens etwas Gutes zu essen», sagt er und serviert ihm das Plättchen. Und so zmörgelet Hürlimann im Gefängnis wie an einem Sonntagmorgen zu Hause, trotz der katastrophalen Ereignisse der letzten 48 Stunden. Nach dem Essen bittet er darum, sich duschen zu dürfen, und seinem Wunsch wird stattgegeben. Er wird aus der Zelle in den Nassbereich geführt, wo er sich wäscht und rasiert. Danach fühlt Hürlimann sich wieder wie ein Mensch und ist bereit, den nächsten Schritt in Angriff zu nehmen.

Am Mittwochmorgen sieht er die Sache schon etwas klarer. Für ihn steht fest: Heute kommt er raus und er ist unschuldig. Es muss ein Missverständnis sein, das sich sicherlich bald aufklären wird. Zunächst aber gilt es, den Schaden zu begrenzen, für ihn, aber auch für die Partei. Mit der Aussicht, bald freigelassen zu werden, geht er zu den zwei weiteren für den Morgen anberaumten Einvernahmen. Wiederum begleitet ihn der Polizist vom Vortag aus der Zelle, durch den Tunnel ins Polizeigebäude auf der anderen Strassenseite. Dort erwarten ihn wie gestern sein Anwalt und die Staatsanwältin.

Als Erstes bespricht sich Markus Hürlimann mit Anwalt Markus Dormann, wie weiter vorzugehen sei. Es gilt, jetzt Prioritäten zu setzen. Bei Hürlimanns Arbeitgeberin sind die Büros über die Feiertage geschlossen. Aber wegen der Blick-Story ist es nun wichtig, schnell zu handeln. Man muss möglichst sofort alle sensiblen Bilder und Daten zu seiner Person von der SVP-Homepage entfernen. Hürlimanns Mobiltelefon ist noch bei der Polizei, also tätigt Dormann die nötigen Anrufe, meldet sich beim Parteisekretariat, schildert die Situation. Doch der Ernst der Lage, den Hürlimann empfindet, ist nur sein eigener Ernst. Andere haben anderes zu tun. Ein ums andere Mal heisst es: Ich habe gerade keine Zeit, das muss etwas warten. Es ist zum Verzweifeln. Zwei weitere Einvernahmen stehen an diesem Morgen an, zunächst mit R. H., dem Bandkollegen von Reto Spiess und Freund von dessen Familie.

Seine Einvernahme beginnt um 9.10 Uhr und sie deckt sich mit dem, was A. B. gesagt hat. Jolanda Spiess-Hegglin habe ihn am Sonntagmorgen um ca. 9.15 Uhr per SMS kontaktiert mit der Frage: «Wann, wo und in welchem Zustand hast du mich gestern zuletzt gesehen? Ich habe einen nicht erklärbaren Filmriss, obschon ich nicht wirklich viel getrunken habe.» Als er sie eine Stunde später angerufen habe, sei sie schon auf dem Weg ins Spital gewesen. Sie habe ihm gesagt, es sei ihr nicht schlecht, sie habe keinen Kater und sei sehr klar im Kopf.

Die Staatsanwältin will von R. H. wissen, wie Spiess-Hegglin zu ihrer politischen Arbeit stehe. Dieser sagt, er glaube, das sei für sie sehr wichtig. Sich aufzulehnen und auf Missstände hinzuweisen. Das sei schon früher als Kind so gewesen bei ihr. Sie sei mit Leidenschaft und Passion bei der Politik dabei.

Während des Abends habe er sie etwa achtmal angetroffen und sich immer wieder kurz mit ihr unterhalten, zuletzt vor allem im vorderen Teil, dem Bug des Schiffes. Sie sei locker und gelöst gewesen und habe nicht übermässig betrunken, sondern nur «leicht angesäuselt» gewirkt. Ihre Stimmung habe sich im Verlauf des Abends auch nicht wesentlich verändert.

Auch mit Hürlimann habe er kurz gesprochen. Dieser habe gesagt, als Künstler habe er, R. H., sicher etwas gegen die SVP. Er habe Hürlimann dann seinen Standpunkt dargelegt, aber schnell gemerkt, dass dieser und auch Jolanda beide alkoholisiert waren und sich gegenseitig «anstichelten», so drückt R. H. es aus, wegen ihrer jeweiligen Parteizugehörigkeit. «Ich denke, das war im Raum klar. Es war ein schönes Bild, wie Alternative und SVP zusammen getrunken haben.» Markus Hürlimann habe Manuel Brandenbergs Laudatio für Hubi Schuler gelobt und gesagt, es sei schön, wenn überparteiliche Sachen stattfinden. Auch er würde eines Tages bereit sein, die Laudatio für Spiess-Hegglin zu halten. Darauf hätten die beiden sich die Hand gegeben und er habe den Eindruck gehabt, dass zumindest politisch eine gewisse Annäherung vorhanden sei. Als die Party auf dem Schiff zu Ende ging, sei er zu den beiden in den

Bug des Schiffes getreten. Alle anderen seien bereits weg gewesen, und die beiden hätten noch immer ihre Gespräche geführt. Die Party hier sei zu Ende, teilte er ihnen mit. Ein paar Leute würden noch im Restaurant Schiff weiterfeiern, ob sie auch kommen wollten?

Im Restaurant Schiff ging die Party dann richtig ab. 50 Leute, die sich alle kennen, Jahresende, Weihnachtsferien, Gratisalkohol. Das gibt gute Laune. R. H. sagt aus, er selbst habe als Mitglied des OKs kaum getrunken. Nach etwa einer halben Stunde wird er von A. B. angesteuert, sie ist aufgebracht. Ob er eigentlich wisse, dass der SVPler und Jolanda im Treppenhaus rummachen würden? Das versetzt R. H. in eine unangenehme Lage. Soll er den Moralapostel spielen und dazwischengehen? Dann wiederum: Sie sind erwachsene Menschen. Ist das seine Sache? Während er zögert, kommen weitere Leute zu ihm, wie ein Lauffeuer macht die Runde, was oben zwischen den beiden Politikern im Gange sein soll. Irgendwann, sagt R. H. aus, sei er hochgegangen in der Hoffnung, sein Auftauchen könnte das Paar zur Besinnung bringen, aber er findet die beiden nicht, und so denkt er sich, sie seien vielleicht gegangen. Als er wieder herunterkommt, gibt es in der Bar unten kein anderes Thema mehr. Gegen 1.00 Uhr morgens, so ist es mit dem Barpersonal ausgemacht, löst R. H. die Party auf. Dabei erfährt er, man habe oben in der Captain's Lounge noch Kleidung am Boden gesehen. Vermutlich befänden sich also noch zwei Personen oben.

Staatsanwältin Weber fragt nach: Weiss R. H. etwas von K.-o.-Tropfen? Hat er zu irgendeinem Zeitpunkt das Gefühl gehabt, es werde jemand zu etwas gezwungen, was diese Person nicht wolle? Nein, sagt er.

Die Staatsanwältin: «Jolanda ist bekanntlich verheiratet, hat Kinder und hat soeben ihre politische Karriere gestartet. Mit grosser Wahrscheinlichkeit ist sie in jener Nacht nach der

Landammannfeier fremdgegangen. Es wäre ja rein theoretisch auch möglich, dass Jolanda nun nur nach einer guten Ausrede für ihren Ausrutscher sucht. Was hältst du davon?»

R. H.: «Das habe ich mir auch überlegt, als ich zum ersten Mal davon gehört habe. Von K.-o.-Tropfen wird wahrscheinlich viel mehr geschrieben, als es sie tatsächlich gibt. Die Situation war derart absurd und surreal, besonders in dieser Öffentlichkeit, dass man sich schon Fragen stellen muss. Ich kenne aber keine Absichten, weder von Jolanda noch sonst von jemand anderem.»

Aber wenn Jolanda sage, sie habe einen sexuellen Kontakt mit Sicherheit nicht gewollt, dann glaube er ihr, sagt er noch. Wenn sie bei Sinnen gewesen wäre, hätte sie das nicht gewollt, präzisiert er auf Nachfrage.

Während R. H. schildert, was er am Samstag zuvor erlebt hat, trifft um 10.00 Uhr Jolanda Spiess-Hegglin im Polizeigebäude ein. Sie will ihr Mobiltelefon abholen, das die Polizei ausgewertet hat. Der zuständige Polizeibeamte E. H. informiert sie, dass eine Zeugin bereits einvernommen worden und zwei weitere Einvernahmen für den heutigen Tag anberaumt seien, so geht es aus der entsprechenden Aktennotiz hervor. Zudem werde Markus Hürlimann heute entlassen. Der Beamte teilt ihr auch mit, dass sie beide heute auf der Frontseite des Blick mit Namen und Bild erwähnt sind. Er gibt ihr Tipps, wie sie sich verhalten soll, und rät ihr, im Notfall die Polizei zu informieren. Sie sagt zum Polizisten, sie frage sich, woher wohl der Hinweis an die Presse gelangt sei, sie selbst habe nur mit zwei Personen darüber gesprochen und dort K.-o.-Tropfen nur im Sinne einer Möglichkeit erwähnt. Der Polizist gibt zurück, dass er und seine Kollegen das auch gern wüssten. Spiess-Hegglin erwähnt dann den Journalisten Charly Keiser, der ja bekanntlich kein Freund von ihr sei – doch das sei natürlich reine Spekulation. Ein

Beamter des kriminaltechnischen Dienstes fotografiert ihre Verletzung am rechten Wadenbein und den Kratzer am Rücken, bevor sie das Polizeigebäude wieder verlässt.

Um 10.40 Uhr beginnt die Einvernahme des dritten Zeugen, des ehemaligen CVP-Kantonsrats T. H. Er erzählt mehr oder weniger dasselbe wie die anderen. Auf die Frage, wie sich Spiess-Hegglins Stimmung im Verlauf des Abends verändert habe, sagt er: «Stimmung? Ich kann nicht sagen, ob sie glücklich oder traurig war. Ich kann nur sagen, dass sie relativ anhänglich wurde gegenüber Hürlimann. Es ist vielen Gästen aufgefallen, wie mir auch, dass Hürlimann Markus und Spiess Jolanda an dem Abend viel zusammen waren.» Normalerweise zirkuliere man ja an einem solchen Abend. Er habe auch den Eindruck gehabt, die Frau sei die aktivere Person gewesen.

Auf dem Schiff hätten die beiden einen vertrauten, glücklichen, zufriedenen Eindruck gemacht. Im Restaurant Schiff, gegen Ende des Abends, hätten sie relativ stark alkoholisiert gewirkt, aber nicht bedenklich, und er habe dann Spiess-Hegglin noch einen Gin Tonic gebracht. Sie habe zwar Caipirinha gewünscht, aber der sei aus gewesen. Spiess-Hegglin und Hürlimann seien nun sehr nahe zusammengesessen – und kurz darauf in Richtung des Treppenhauses verschwunden, worauf ein Raunen durch den Raum gegangen sei. Wenig später sei er in den ersten Stock hoch zur Toilette gegangen, wo er die beiden eng umschlungen gesehen habe, allem Anschein nach am Schmusen. Als er zurückkam, seien sie verschwunden gewesen. Später sei er deshalb unter dem Vorwand, selbst ein ruhiges Plätzchen zu suchen, zusammen mit einer weiteren Politikerin nach oben gegangen, um nach dem Stand der Dinge zu sehen. Weiter oben, in der Captain's Lounge, hätten sie Licht gesehen und die Tür geöffnet. Auf dem Boden, dem Tisch und den Stühlen hätten sie Kleidung verstreut gesehen, worauf sie rückwärts den Rückzug angetreten hätten. Personen habe er aber keine gesehen und ihm sei auch aufgefallen, dass er keine Geräusche gehört habe. Als die Party zu Ende ging, habe er das Barpersonal darauf hingewiesen, dass im oberen Stock noch zwei Leute seien. Er habe verhindern wollen, dass man sie einschliesse.

Nach den zwei Zeugeneinvernahmen vom Mittwochmorgen ist Hürlimann beruhigt. So misslich seine Lage ist – sein Bild auf der Frontseite des Blick und die ganze Stadt weiss über seinen Fehltritt Bescheid –, so sicher ist er sich, dass er das Strafverfahren nicht fürchten muss. Alle haben ihn entlastet und die Geschehnisse zwischen ihm und Spiess-Hegglin als einvernehmlich wahrgenommen. Staatsanwältin Martina Weber stellt in Aussicht, die Untersuchung zum Strafverfahren könnte bereits Anfang Januar abgeschlossen sein, jedenfalls versteht er das so. Sehr bald, sagt er sich, wird er alles hinter sich haben. Bestärkt wird er in dieser Meinung vom zuständigen Polizisten, der nach den Einvernahmen zu Hürlimann und seinem Anwalt sagt: «Ich mache das jetzt schon seit dreissig Jahren und ich habe schon viele Verdachtsfälle von K.-o.-Tropfen gehabt. Nur in einem einzigen Fall waren tatsächlich K.-o.-Tropfen im Spiel. Aber das hier ist kein solcher Fall.»

Im Verlauf des Morgens geht eine Agentur-Meldung zum Fall über den Ticker. Darin heisst es, ein SVP-Kantonspräsident sei verhaftet worden wegen Verdachts auf sexuelle Handlungen mit einer grünen Kantonsrätin. Man kläre ab, ob bei den sexuellen Handlungen auch K.-o.-Tropfen im Spiel gewesen seien, das habe eine Sprecherin der Staatsanwaltschaft Zug bestätigt. In der Meldung heisst es auch: «Das Spital hat daraufhin die Strafverfolgungsbehörden informiert. Weil es sich um ein Offizialdelikt handelt, wird dieses von Amts wegen verfolgt.» Eine Anzeige habe die Kantonsrätin nicht erstattet, sagte die Sprecherin.

44

Heiligabend

Helen Hürlimann erwacht am Mittwochmorgen mit einem Schrecken. Sie hatte am Vortag noch im Büro gearbeitet, dann einen Apéro besucht. Heute ist Heiligabend, sie hat frei, kann ausschlafen und freut sich auf den freien Tag, an dem sie nichts zu tun hat, ausser sich mit ihrem Kind für die Weihnachtsfeier bei den Eltern bereitzumachen. Sie schläft noch, als das Telefon sie aufschrecken lässt, es ist die älteste Schwester. Sie sagt: «Halt dich fest. Guck in die Zeitung.» Das tut Helen, noch schlaftrunken, und was sie sieht, verschlägt ihr den Atem. Ihr Bruder, mit Bild, auf der Frontseite. «Schock. Ich konnte es nicht glauben. Und dann ausgerechnet mit dieser Person», erinnert sie sich. Der Familienzusammenhalt bei den Hürlimanns ist eng, entsprechend schnell reagieren die Schwestern. Sie organisieren sich, um den betagten Eltern in dieser schwierigen Situation beizustehen. Man muss versuchen, ihnen die Sache mit ihrem Sohn schonend beizubringen. Ausgerechnet der Sohn, der nie Probleme gemacht hat. «Für die Eltern war die ganze Sache noch abstruser», sagt Helen Hürlimann.

Kurz vor Markus Hürlimanns Haftentlassung klingelt um elf Uhr auch das Telefon der Zuger Polizei. Es ist wiederum Spiess-Hegglin. Sie und ihr Mann seien etwas beunruhigt über die heutige Freilassung Hürlimanns. Sie frage sich, wie sie sich verhalten sollten. Der Polizist sagt ihr, sie solle sich eher über aufdringliche Presseleute Sorgen machen, und rät ihr, auf keinen Fall mit Journalisten zu sprechen, selbst wenn sie sich vertrauenserweckend zeigen würden. Am besten würde sie mit ihrer Familie verreisen. Zwanzig Minuten später ruft die Politikerin noch einmal an und äussert ihre Sorge, dass Daniela Hürlimann ihren Mann vor die Tür setzen könnte und der dann eventuell nichts mehr zu verlieren hätte. Sie fürchte, zum Ziel einer Gewalttat zu werden. Der Polizist gibt ihr zu verstehen, er kenne den Markus Hürlimann persönlich und stufe ihn als besonnenen und ruhigen Mann ein. Dennoch bietet er ihr aber an, mit Hürlimann darüber zu reden.

Also wird Hürlimann vor seiner Entlassung gegen Mittag ins Büro von E. H. zitiert, der dort mit dem Dienstchef der Kriminalpolizei wartet. Dieser sagt ihm, er habe über die Weihnachtstage Dienst und niemand habe ein Interesse daran, dass es zwischen ihm und Spiess-Hegglin noch eine unschöne Fortsetzung gebe, «egal wo und wie auch immer» – so steht es in der entsprechenden Aktennotiz. Hürlimann versichert ihm, er brauche sich keine Sorgen zu machen. Er habe sich nichts Strafrechtliches zuschulden kommen lassen, «und das Moralische werde ich mit meiner Frau regeln». Er sei zwar über das Vorgehen Spiess-Hegglins sehr enttäuscht, ergänzt er. Die Presse habe ihn bereits als Täter vorverurteilt. Und ja, er habe etwas mit der Frau gehabt, aber das hatte nichts mit K.-o.-Tropfen zu tun. Auch die Inhaftierung habe ihn belastet. Der Polizist vermerkt: «Hürlimann Markus wirkte uns gegenüber wie gewohnt ruhig und verhielt sich entsprechend anständig und korrekt.»

Nach seiner Entlassung funktioniert Hürlimann – so wie er unter Druck einfach funktioniert. Er macht weiter. «Natürlich ist man wütend in einer solchen Situation», erinnert er sich heute. «Aber man weiss ja, dass es nichts nützt.» Als Nächstes fährt er mit seinem Anwalt nach Zug in dessen Kanzlei, wo bald auch B. R. als Leiter Medien der SVP und SVP-Vizepräsident Thomas Aeschi eintreffen. B. R. hat ein Gespräch für dieses Buch abgelehnt und Thomas Aeschi kann sich an diesen Nachmittag nicht mehr erinnern. Hürlimann hingegen schon: Zu dritt sitzen sie da, gucken sich an. Was jetzt. Hürlimann erhofft sich Loyalität, die beiden sind seine engsten Parteifreunde, sie kennen ihn und wissen, dass er so etwas, wie es ihm vorgeworfen wird, niemals tun würde. Hofft er wenigstens. Sie sind bei der Feier dabei gewesen. Begreifen sie nicht, welches Unrecht ihm widerfährt? Doch er irrt sich. Weder Aeschi noch B. R. waren dabei in der Captain's Lounge, sie wissen bis jetzt nur so viel über die ganze Sache, dass es eine Katastrophe ist, in was ihr Parteipräsident da geraten ist. Und dass die unglückliche Situation mit seinem beispiellosen Kontrollverlust begann. Die beiden weichen seinem Blick aus, so erinnert sich Hürlimann heute. Und ihm graut nun erst recht vor dem, was nun kommen wird.

Aeschi und B. R. teilen ihm mit, man betrachte die ganze Angelegenheit als seine Privatsache. Man müsse nun an die Partei denken und Schaden von ihr abwenden. Sind das dieselben Männer, die mit ihm am Tisch gesessen, Wanderungen unternommen haben, fragt sich Hürlimann. Dann dämmert ihm: Wenn sogar angebliche Freunde so reagieren, wie wird sich dann der Rest verhalten? Nach einer kurzen Besprechung einigt man sich darauf, Aeschi solle die Leitung der Zuger SVP interimistisch übernehmen, bis die Vorwürfe geklärt sind. Zudem entwerfen die drei eine Presseerklärung. Darin heisst es: «Was genau in dieser Nacht passierte, ist Gegenstand polizeilicher Ermittlungen. Die Partei legt Wert darauf, dass die Unschuldsvermutung gilt.» Die Pressemitteilung wird um ca. 16 Uhr verschickt.

Um 16.34 Uhr geht auf Hürlimanns E-Mail-Account eine Mail von einem gewissen Kazimir ein: «Friedliche Weihnachten mit Frau und Familie wünscht dir, verlogenes Zuger SVP-Schwein, die ganze rechtschaffene Schweiz!»

Es ist Mittwochnachmittag, das Sonnenlicht schwindet

47

schon, als um 16.40 Uhr via Kantonspolizei ein Anruf bei Staatsanwältin Martina Weber eingeht. Am anderen Ende meldet sich Jolanda Spiess-Hegglin, sie macht einen «aufgewühlten und berührten» Eindruck, wie Weber nach dem Anruf notiert. Die Politikerin will wissen, ob die Zeugen bei ihrer Einvernahme tatsächlich von einvernehmlichem Handeln gesprochen hätten und ob Markus Hürlimanns Anwalt bei diesen Einvernahmen überhaupt anwesend gewesen sei. Die Staatsanwältin versichert ihr, beides sei der Fall. Die befragten Zeugen hätten ihr Verhalten während des gesamten Abends so gedeutet, dass zumindest das Rumknutschen einvernehmlich war. Sie hätten aber nicht ausdrücklich gesagt, dass der allfällige Sexualkontakt auch einvernehmlich gewesen sei. Für den gebe es ja auch keine Zeugen. Die Anruferin will dann von der Staatsanwältin wissen, ob sie ihr raten würde, ebenfalls an die Presse zu gehen. Diese sagt ihr, das sei natürlich ihr persönlicher Entscheid, aber sie könne sich nicht vorstellen, was Spiess-Hegglin Sachdienliches dazu sagen könne. Die Politikerin bedankt sich sehr für die Hilfe und beendet das Gespräch.

Hürlimann, B. R. und Aeschi haben ihre Pressemitteilung herausgegeben, nun geht es heimwärts, Aeschi sitzt am Steuer. Zuerst fahren die drei nach Baar zu B. R., später zu Hürlimann nach Hause. Kaum losgefahren, klingelt das Telefon, es ist Charly Keiser. Keiser, ein drahtiger Mittfünfziger mit zerfurchtem Gesicht, ist in Zug bekannt für seinen sehr kurzen Draht zur politischen Szene und zur SVP und seine Vorliebe für deutliche Worte. Er ist mit seiner Frau ebenfalls auf der Feier und später im Restaurant Schiff gewesen. Er hat alles mitbekommen. Aeschi nimmt ihn auf den Lautsprecher. Keiser hat bereits für die Montagsausgabe der Zuger Zeitung über die Landammannfeier geschrieben, in diesem Artikel aber kein Wort über das auffällige Verhalten der beiden Kantonsräte verloren. Jetzt aber gibt er an, einen Nachzug zu den Vorkommnissen schreiben zu wollen. Ob Hürlimann ihm Auskünfte erteilen könne, das könne ja alles nicht stimmen und er werde dies auch so schreiben. Hürlimann willigt ein und sagt, was die letzten beiden Tage geschehen ist. Heute erinnert sich Keiser so an die Situation an der Landammannfeier: «Natürlich waren die auffällig, sie sassen ja schon auf den Schiffen halb aufeinander oben. Und jeder wusste, dass sie verheiratet sind. Für mich war das aber eine Privatsache. Nach dem K.-o.-Tropfen-Vorwurf und der Inhaftierung sah das natürlich anders aus.» Er sagt, er habe Hürlimann an jenem Nachmittag empfohlen, als Parteipräsident sofort zurückzutreten. Er solle sich hinstellen und sagen, dies sei kein Schuldeingeständnis, er wolle aber den Druck von der Partei nehmen, damit diese und er nicht Schaden nehmen würden. Er solle warten, bis die Untersuchung fertig sei, dann könne er als Unschuldiger mit guten Chancen wieder antreten. Alle anderen Szenarien würden erfahrungsgemäss definitiv ins politische Aus führen. Dass Charly Keiser dies zu diesem Zeitpunkt gesagt hat, dementiert Hürlimann jedoch vehement. An jenem Tag sei von einem Rücktritt noch keine Rede gewesen und Charly selbst habe kaum glauben können, in was er da hineingeraten sei. Den Rücktritt habe er ihm erst später nahegelegt. Schliesslich verabschiedet sich Keiser am Telefon. Im Auto, wo Hürlimann mit seinen Parteikollegen Richtung Baar fährt, bleibt es still. Es gibt nicht mehr viel zu sagen.

An diesem Mittwoch ist Heiligabend. Traditionell trifft sich zu diesem Anlass die ganze Familie Hürlimann bei den Eltern. Doch heute ist das für Markus Hürlimann und seine Frau undenkbar. Gegen Abend steigt er zu Hause aus dem Auto von Thomas Aeschi. Als Erstes geht er bei den Eltern vorbei, die im selben Haus in der unteren Wohnung wohnen. Die Schwestern haben sich bereits versammelt, wie sich Helen Hürlimann erinnert, sie sehen ihn besorgt an, als er hereinkommt. Er sagt ihnen, sie, seine Familie, seien jetzt das Wichtigste für ihn. Und seine Frau. An der Weihnachtsfeier wolle er nicht teilnehmen, da es ja eh nur dieses eine Thema geben würde. Und das wolle er nicht. Dann verabschiedet er sich und geht hinauf in die eigene Wohnung, wo Daniela schon wartet.

Natürlich redet die zurückbleibende Familie Hürlimann nach seinem Abgang über nichts anderes. Die Schwestern rätseln, was passiert sein könnte, erzählt Helen im Rückblick. Und verwerfen die K.-o.-Tropfen-These schon bald, aus folgenden Gründen: «a) wüsste Markus ja gar nicht, wo so etwas zu besorgen wäre, b) würde er sowas niemals tun, und c) wäre er nicht so blöd, das an so einem Anlass zu machen». Sie fragen sich auch, ob jemand vielleicht beiden K.-o.-Tropfen verabreicht haben könnte, um Markus zu schaden. Jemand, dem sein Aufstieg in der Partei nicht passte. Aber das scheint ihnen weit hergeholt: Der K.-o.-Tropfen-Täter hätte überhaupt nicht voraussehen können, wie seine Opfer reagieren würden, gerade weil sie ja auch getrunken hatten. «Wir kamen zum Schluss, dass Markus einfach zu viel getrunken haben muss. Wir konnten es nicht fassen. Jeder von uns Schwestern hätte so etwas passieren können, aber doch nicht Markus?»

Oben in der Wohnung sitzen Markus und Daniela zusammen. Zum ersten Mal, seit sie sich kennen, feiern sie Weihnachten nicht mit der Familie. Normalerweise würden sie jetzt unten mit den Schwestern zusammen den Christbaum schmücken und ein Glas Wein trinken, sie würden etwas Feines essen, sich über Politik und alles andere unterhalten. Stattdessen sitzen Markus und Daniela mit zugezogenen Vorhängen in ihrer Wohnung und fühlen sich beobachtet. Sie wissen, draußen patrouillieren Polizisten. Vielleicht auch Journalisten. Was, wenn der Blick morgen ein Foto von ihrem Haus bringt? Was mögen seine Eltern denken, seine Schwestern, die unten feiern? Oder besser: über ihn reden? Was seine Arbeitskollegen? Wie sollen sie beide überhaupt weitermachen? Hürlimann gibt seiner Frau an diesem Abend die Gesprächs-Protokolle der bis jetzt einvernommenen Zeugen. Sie setzt sich aufs Sofa und liest alles von A bis Z schweigend durch. Dann schauen sie sich in die Augen. Da sind sie nun. Wie wird es weitergehen? Wie sollen sie weitermachen? Wohin wird die Reise gehen? Sie beschliessen, dass sie wegwollen. Morgen werden sie ins Tessin fahren. Dort ist wenigstens mit etwas Sonne zu rechnen. Hürlimann setzt sich an den Computer und bucht ein kleines Hotel in der Nähe von Locarno, direkt am See. Dort werden sie hoffentlich etwas Ruhe finden.

Wer nicht stark ist,
überlebt so etwas nicht

Als der Weihnachtsmorgen 2014 durch eine graue Hochne-beldecke dämmert, beginnen die Anrufe, anonymen Briefe und Mails. Eine stattliche Anzahl von Menschen scheint sich in einer solchen Situation dazu berufen zu fühlen, Abscheu über das öffentlich gewordene Verhalten der Politiker kundzutun. Und das in drastischen Worten. Hürlimann wird als Vergewaltiger beschimpft, verhöhnt, bedroht. Nicht nur heisst es, er habe offensichtlich seine Triebe nicht im Griff. Als SVP-Mitglied wird er auch zur Zielscheibe politischer Ressentiments. Bei Jolanda Spiess-Hegglin wird es ähnlich zu- und hergegangen sein.

Das Telefon vibriert an diesem Tag scheinbar ununterbrochen bei Hürlimann, und das wird die nächsten Tage und Wochen auch so bleiben. Der kleine SVP-Politiker aus Zug ist mit einem Schlag ins Brennglas einer Medienöffentlichkeit geraten, die eine unwiderstehliche Story wittert. Deutsche, englische Medien, sogar die türkische Zeitung Hürriyet berichten. «Mein Anwalt war fast zwei Monate lang ausschliesslich mit meinem Fall beschäftigt. Physisch, psychisch, aber auch finanziell wird man bis an den Rand des Möglichen getrieben. Wer nicht stark ist, überlebt so etwas nicht», sagt Hürlimann zu damals.

Am Morgen des 25. Dezember ruft als erstes TeleZüri an. Jolanda Spiess-Hegglin habe dem Sender ein Interview zugesichert, informiert man Hürlimann. Ob er nicht auch reden wolle. Hürlimann telefoniert herum, diese Kommunikation soll nicht auch noch ausser Kontrolle geraten. Aeschi ist in Zermatt in den Skiferien, aber im Katastrophenmodus, erinnert er sich. «Ich weiss es noch genau, weil ich den Tag mit telefonieren anstatt mit Skifahren verbracht habe. Ich sagte den Journalisten, Hürlimann sei, so wie ich ihn kenne, nicht jemand, der eine Frau unter Drogen setzt, um sich an ihr zu vergehen.» Auch Gregor Rutz schaltet sich ein, der gut dotierte Wahlkampfberater der Zuger SVP, Zürcher Nationalrat und Vertrauter von Natalie Rickli, der das Wahlkampfkonto der nationalen SVP verwaltet und Hürlimann in den vergangenen eineinhalb Jahren gut kennengelernt hat. Man bespricht Strategien: Kommunizieren, ja, nein? Wenn ja: Was und wie? Oder den Ball flach halten? Es geht von Hürlimann zu Aeschi, zu Rutz und dann wieder zu Hürlimann. Schliesslich wird entschieden, Hürlimann solle momentan kein Interview geben. Da die Staatsanwaltschaft ihm in Aussicht gestellt hat, die Untersuchung könnte bald abgeschlossen sein, will man bis dahin mit weiterer Kommunikation abwarten. Das ist Markus Hürlimann nur recht, denn zu dem Zeitpunkt fühlt er sich mit seinen Kräften am Ende.

Ebenfalls am Weihnachtsmorgen klingelt um 9.35 Uhr bei der Zuger Kantonspolizei das Telefon. Wieder ist es Jolanda Spiess-Hegglin. Ihrem Mann gehe es schlecht, berichtet sie und beschreibt seinen Zustand. Was sie tun solle. Der Polizist verspricht der aufgebrachten Frau, sich trotz Weihnachten über mögliche Massnahmen schlau zu machen und zurückzurufen. Das tut er eine halbe Stunde später. Bei diesem Gespräch teilt Jolanda Spiess-Hegglin dem Polizisten mit, sie werde nun einen Rechtsanwalt beiziehen und brauche deshalb die Akten. Der Polizist wundert sich in der entsprechenden Aktennotiz ob der Dringlichkeit, die er nicht gegeben sieht.

Zu Hause haben Markus und Daniela Hürlimann ihre Koffer gepackt und sind bereit zum Aufbruch. Als sie gegen Mittag ins Auto steigen, um Richtung Süden zu fahren, entdecken sie in der Strasse zirka 50 Meter vor ihrem Haus ein weisses Kleinfahrzeug von TeleZüri. Davor steht eine junge Frau mit einem

Mikrofon und späht zu ihrem Haus, so erinnern sich beide an diesem Tag. Mit hoher Geschwindigkeit rollt das Ehepaar Hürlimann mit ihrem SUV auf den Sendewagen zu und bremst unvermittelt davor ab. Die junge Frau mit dem Mikrofon linst angestrengt ins Innere des Wagens, wo Hürlimann am Steuer und Daniela daneben sitzt. Unvermittelt öffnet diese die Beifahrertür, springt aus dem Wagen und stellt sich vor: «Daniela Hürlimann – und wer sind Sie?»

«TeleZüri.»

Daniela ergreift die Hand der Frau und drückt sie energisch. «Schön, ich möchte Ihnen etwas sagen: Wagen Sie es ja nicht, hier zu filmen, weder mich noch unser Haus und auch sonst nichts Privates.» Die Journalistin ist so eingeschüchtert, dass sie den Tränen nahe scheint. «Ich habe nichts gegen Sie!», ruft sie. «Ich mache hier doch auch nur meinen Job.» Ob sie denn verreisen würden? «Ja», sagt Daniela, «ins Ausland.» Das sei sowieso nur eine politische Sache, zischt sie noch, bevor sie wieder in den Wagen steigt. Dann brausen Hürlimanns davon, so wird es TeleZüri später berichten.

Am frühen Nachmittag treffen Hürlimanns im Hotel Giardino Lago in Minusio ein. Das Hotel hat eine malerische Sonnenterrasse direkt zum See hin. Die Wasseroberfläche spiegelt den blauen Himmel, es ist ein sonniger Tag, alles wirkt idyllisch. Hürlimanns atmen vorerst auf. Dann betreten sie die Lobby und steuern mit ihrem Gepäck auf die Rezeption zu. Der Hoteldirektor weiss offenbar bereits, wer sie sind und in welcher Lage sie stecken. Er heisst sie freundlich willkommen. Endlich aufatmen von diesem Albtraum, denkt sich Hürlimann und gibt seine Personalien an, um das Zimmer zu beziehen. Als er sich zu seiner Frau umdreht, sieht er sie in der Lobby bei den aufliegenden Zeitungen stehen. Die Blick-Frontseite zeigt das Bild von Markus Hürlimann und Jolanda Spiess-Hegglin. «Hat er sie geschändet?», fragt die Schlagzeile. Diskret dreht Daniela die Zeitung um, sodass die Frontseite gegen unten liegt und verdeckt ist. Doch heute, morgen und übermorgen wird jedes Mal, wenn sie durch die Lobby gehen, wieder jemand die Frontseite aufgedeckt haben. Und immer wird Markus Hürlimann darauf zu sehen sein.

Viele Deutschschweizer verbringen die Feiertage im Giardino Lago. Hürlimanns beziehen ihr Zimmer, gehen dann auf einen Kaffee auf die Sonnenterrasse. Am Nebentisch sitzt ein Mann, in den Händen hält er die Boulevardzeitung. Als der Mann seinen Blick durch den Raum schweifen lässt, bleibt er an Hürlimann hängen. Dieser versucht sich abzuwenden, doch der Mann guckt in die Zeitung, dann wieder zu Hürlimann, als gäbe es zehn Unterschiede zu finden. Hürlimann möchte im Boden versinken.

Den Abend des 25. Dezember verbringen Hürlimanns im Restaurant des Hotels und lassen es sich gut gehen. Am Nebentisch sitzt ein Paar mit einem Toypudel, man kommt ins Gespräch, versteht sich sofort, auch mit dem Hund. «Stört es Sie, wenn er so zu Ihnen kommt?», fragen die Pudelbesitzer das Ehepaar am Nebentisch und Hürlimanns stört es überhaupt nicht. Am nächsten Morgen, wiederum strahlt die Sonne vom Himmel, spaziert das geprüfte Ehepaar von Minusio Richtung Locarno und trifft auf dem Spazierweg wieder auf das Paar vom Vortag. Dieses Mal grüssen die beiden kaum, sie nehmen ihren Hund an die kurze Leine und entfernen sich schnell. Der Schock steht ihnen ins Gesicht geschrieben. Offensichtlich haben sie inzwischen die Zeitung gelesen. «Man wird auch etwas paranoid», sagt Hürlimann heute. «Man hat das Gefühl, jeder kennt einen. Und man weiss nicht, wer einem gut gesinnt ist und wer nicht.»

Der 27. Dezember, erster Arbeitstag nach Weihnachten und

vor Silvester, ist in der Regel ein langweiliger Tag für Journalisten. Ab und an gibt es Brände, Unfälle oder Erdbeben zu vermelden, politisch läuft selten viel. Doch jetzt bietet sich denen, die die Feiertage im Newsroom statt in den Bergen verbringen, die perfekte Boulevardstory. Die «Zuger Sexaffäre» schillert in allen Farben: Ein SVPler und eine Grüne, mögliche sexuelle Handlungen vor den Augen der gesamten Politszene Zug, Alkohol und ein noch unbestätigter K.-o.-Tropfen-Vorwurf – das wird nach allen Regeln der Kunst ausgespielt und durchdekliniert.

Eine mediale Lawine rollt an, über deren Ausmasse sich die Beteiligten erst viel später bewusst werden. Es ist ein Ringen um Wahrheit und Lüge über die Ereignisse vom 20. Dezember. Doch sehr bald wird es nicht mehr nur um die Deutung des Abends selbst gehen. Weil die Beweislage für die behauptete Schändung sich auch nach Wochen nicht weiter erhärtet und offen bleibt, was zwischen den beiden Politikern geschehen ist, verschiebt sich der mediale Fokus. Statt der Geschehnisse selbst rückt nun die Berichterstattung ins Zentrum sowie die Reaktionen auf diese Berichterstattung, vor allem in den sozialen Medien. Denn dort kämpft Jolanda Spiess-Hegglin unter grossem Einsatz um Deutungshoheit, darum, dass man ihrer Geschichte Glauben schenkt. Anfänglich hat sie damit wenig Erfolg. Man amüsiert sich über die Affäre, hofft, dass sie bald ausgestanden ist. Ernst nimmt die Politikerin zu diesem Zeitpunkt niemand. Aber das wird sich bald ändern.

Die Vorgeschichte

«Wenn ich etwas mache, dann mache ich es richtig», sagt Markus Hürlimann, eine Selbsteinschätzung, die das Umfeld bestätigt. Das zeigte sich auch in seiner kurzen politischen Laufbahn, die ihren Anfang im Dezember 2010 nahm. Damals besuchte er zum ersten Mal eine Mitgliederversammlung der SVP in Baar. Für die lokale Politik hatte er sich zuvor nie gross interessiert, doch er guckte sich am Freitagabend regelmässig die Arena an, interessierte sich auch für andere Politmagazine. Ihn beschäftigte vor allem die nationale Politik, wie viele andere orientierte er sich an Figuren wie Christoph Blocher, der sich für Freiheit, Unabhängigkeit und Zukunft der Schweiz einsetzte, Ziele, die Hürlimann teilte. Die Werte, die ihm von zu Hause vermittelt wurden, wie Helen Hürlimann erläutert: «Eigenverantwortung ist wichtig, Fleiss, Sparsamkeit. Das Individuum und die Familie tragen die Verantwortung, der Staat soll nur eingreifen, wenn es anders nicht geht.» Helen Hürlimann, die ihr Kind allein erzogen hat, nur mit Unterstützung ihrer Familie, ist überzeugt, dass das auch in schwierigen Situationen funktioniert.

Im Amt für Migration hatte Hürlimann oft genug die Leerläufe im Asylwesen miterlebt: Asylbewerber, die festgesetzt werden, weil sie keinen Aufenthaltsstatus haben, aber nach kurzer Zeit wieder freigelassen werden müssen, weil die nötigen Papiere und Bewilligungen zur Ausschaffung fehlen. Hürlimann kennt die Frustration einer ins Leere laufenden Bürokratie. Neugier hatte ihn dazu bewegt, nach Baar zu gehen, sich einmal anzusehen, wie lokale Politik an Gemeindeversammlungen und mit einfachen Menschen funktioniert.

Zug hat eine ganz besondere Politszene. Der reichste Kanton der Schweiz ist katholisch geprägt, tief bürgerlich und hat extrem niedrige Steuersätze. In der Kleinstadt Zug zeigen sich die Gegensätze überall: hier Brachialarchitektur am Bahnhof, dort die malerisch am See gelegene Altstadt, hier die soziale Enge des Innerschweizer Städtchens, da die Handelsinteressen globaler Rohstofffirmen wie Glencore, diskret vertreten durch Treuhänder, Finanzunternehmer und Wirtschaftsanwälte. So klein die Stadt, so gross die Nähe des politischen Personals, bestehend aus einem traditionell starken Bürgerblock, der die Pfründe unter sich verteilt, und einer artikulierten Linken, die Opposition versucht.

Der Konflikt ist derselbe, der die politische Schweiz gesamthaft prägt: zwischen Globalisierung und Traditionalismus, wirtschaftlichem Erfolg und moralischer Verantwortung, Weltläufigkeit und kleinräumigem Denken. Nur besteht er in Zug auf wenigen Quadratkilometern. Zug ist auch die Stadt, in der im September 2001 der Attentäter Friedrich Leibacher während einer Sitzung schwer bewaffnet ins Parlament stürmte, 91 Schuss abfeuerte, 14 Menschen tötete und etliche verletzte. Das traumatische Ereignis war das erste dieser Art und von diesem Ausmass in der Schweiz überhaupt. Die Auswirkungen sind auch heute, nach über zwanzig Jahren, noch spürbar. «Es hat die Politik in Zug verändert und zu einer speziellen Kultur geführt, die bewusst gepflegt wird», sagt Journalist Charly Keiser. Im Parlament werde bis heute darauf geachtet, dass man einen besonderen Zusammenhalt pflege, gerade über Parteigrenzen hinaus, sagt Charly Keiser. «Man kann sich politisch bekämpfen, aber menschlich hält man zusammen und geht auch mit politischen Gegnern Mittagessen». Spiess-Hegglin und Hürlimann gehören bereits zur neuen Generation, die erst nach dem Attentat in die Politik eingestiegen sind. Doch nach wie vor politisieren in Zug Überlebende des Attentats, etwa Moritz Schmid, der zwei Tage vor der Landammannfeier zum Kantonsratspräsident gewählt worden war. Beim Attentat erlitt er einen Durchschuss der rechten Hand und bewahrt bis heute in seinem Büro die Aktentasche mit den Einschusslöchern auf. Die «Zuger Sexaffäre», die ihn als SVPler und Kantonsratspräsidenten betraf, möchte er dagegen für immer vergessen, sagt er heute.

An jenem Abend bei der Mitgliederversammlung der SVP Baar steht Hürlimann so herum, bis er ein bekanntes Gesicht erblickt. Es ist Thomas Aeschi, Unternehmensberater für eine internationale Strategieberatungsfirma, aufgewachsen im selben Dorf wie Hürlimann, wenn auch fünf Jahre jünger. Aeschi ist zu diesem Zeitpunkt bereits ein politischer Shootingstar. Analytisch stark, zielstrebig und ehrgeizig gehört er zu den auffälligsten Politfiguren im Kanton. Auch Aeschi freut sich an jenem Abend, Hürlimann zu sehen. In der SVP freue man sich immer, wenn Leute auftauchen, denen man etwas zutrauen könne, sagt er. Aeschi erkennt auch sofort Hürlimanns Potenzial. Er erscheint nicht nur politisch interessiert, sondern ist auch klug und ein Typ, mit dem man etwas reissen kann. «Markus Hürlimann ist eine zurückhaltende Persönlichkeit, er setzt sich detailliert mit der Materie auseinander, bevor er sich ein Urteil bildet und hält wohlüberlegte Voten.» Kommt dazu, dass er auch sehr pflichtbewusst ist – und politisch unerfahren. Also eine Person, die sich formen lässt – und strategisch einsetzen lässt. «Im Auftreten ist er ruhig, einer, der nicht von Anfang an ein Gremium dominiert, sondern zunächst einmal zuhört. Aber er ist voll auf Parteilinie was Zuwanderung, Rahmenabkommen, Wirtschaftspolitik und Steuerpolitik angeht», sagt Aeschi heute.

Aeschi fragt Hürlimann an jenem Abend im Dezember 2010,

ob er sich vorstellen könne, sich für die Partei zu engagieren. Er kann. Aeschi ist damals Präsident der SVP Sektion Baar und Vizepräsident der kantonalen SVP – zu seiner Entourage zu gehören, ist also keine schlechte Ausgangsposition für eine allfällige politische Karriere. Zudem ist er bereits ein Politstar mit Auftritten im nationalen Fernsehen. Neupolitiker Hürlimann ist bezaubert. Auf Aeschis Fürsprache hin ergattert er sofort einen Posten in der Sozialhilfekommission und beginnt sich so in der Ortssektion der Gemeinde Baar zu engagieren. Auch Aeschi ist dankbar, denn genau das hat er gesucht: eine Persönlichkeit wie Hürlimann, der wirtschaftliche Kenntnisse hat und bereit ist, sich voll einzusetzen. Und Hürlimann erfüllt Aeschis Erwartungen. Von Anfang an zeigt er Stehvermögen, engagiert sich für die Partei, die gemeinsamen Ziele, hat Ideen und offensichtlich auch Freude daran, sie umzusetzen. Auch wenn er anfangs offenbar wenig Ahnung zu haben scheint, wie Politik wirklich läuft. «Ich war ein politischer Naivling, guckte Arena im Schweizer Fernsehen und dachte, das wäre Politik. Dabei ist das alles nur Theater», sagt er heute. Noch wusste er nichts davon, wie jeder seine Rolle spielt und im Hintergrund ein anderes Spiel läuft. Wie eine Hand die andere wäscht, man verborgen die Fäden zieht und Bauern auf dem Schachbrett herumschiebt. Hürlimann ist selbst ein Bauer und ahnt nichts von seiner Rolle im grösseren Spiel.

Die SVP Zug besteht im Jahr 2010 noch keine zwanzig Jahre. 1991 gegründet, gibt es in der Partei einen traditionellen Konflikt zwischen der Sektion Zug und der Sektion Baar. Zug liegt am See, Baar ist etwas zurückversetzt. Baar hat einen grösseren prozentualen Wähleranteil und stellt verhältnismässig mehr Kantonsräte. Doch Zug ist nun mal der Kantonshauptort und die Zuger Sektion fühlt sich dementsprechend wichtig. In der Stadt Zug gibt der damalige Baudirektor Heinz Tännler den

Ton an, «der Pate», wie er in der Politszene genannt wird, ein mächtiger Mann, Freund von Daniel Vasella und vielen weiteren wichtigen Persönlichkeiten, Herr über millionenschwere Bauaufträge, Mitglied von Zunft und Service-Club. In der Baarer Sektion war es Thomas Aeschi, der sich in den Nullerjahren unter Mithilfe schwerreicher Förderer zur wichtigsten Figur entwickelte.

Als die SVP Kanton Zug im Jahr 2011 ihr 20-jähriges Bestehen feiert, kommt es zum internen Machtkampf. Im Herbst stehen die eidgenössischen Wahlen an, Anwärter für den frei werdenden Nationalratssitz von Marcel Scherer ist der damalige SVP-Parteipräsident und Stadtzuger Anwalt Manuel Brandenberg, ehemals im Generalsekretariat der SVP Schweiz tätig und ein SVPler durch und durch. Doch Newcomer Thomas Aeschi, «rechts, intellektuell und karrierebewusst» (Tamedia), zeigt zum ersten Mal sein politisches Talent. Er lanciert eine grosse Kampagne für sich, verteilt wochenlang Äpfel am Bahnhof Zug und in den Einkaufszentren, stellt sich den Wählern, schüttelt Hände, bestrahlt sie mit seinem Charme, Marke «perfekter Schwiegersohn». «Nichts wirkt besser, als wenn Menschen sich durch ein kurzes Gespräch einen ersten Eindruck eines anderen Menschen und seinen Überzeugungen machen können», sagt Aeschi heute. Und in Zug ist ein solcher «Mensch-zu-Mensch-Wahlkampf» auch noch möglich. Der Coup gelingt. Bei den eidgenössischen Wahlen 2011 wird die SVP als wählerstärkste Partei bestätigt. Und Thomas Aeschi schafft, für viele überraschend, den Sprung in den Nationalrat. Hoffnungsträger Brandenberg geht leer aus. Manche Leute sagen, seither seien sich die beiden SVP-Aushängeschilder spinnefeind, was sie nur notdürftig kaschierten. Andere sehen es nüchterner: Die beiden seien zwar Konkurrenten, aber politisch ähnlich stramm rechts orientiert. Aeschi meint dazu: «Dass ich anstelle von Brandenberg gewählt wurde, führte in den Jahren danach immer wieder zu kleineren Spannungen. Aber das ist normal.»

Anders tönt es bei Brandenberg über den Konkurrenten. «Nein, ich mag ihn nicht. Er ist ein Strippenzieher, vordergründig freundlich, hat er immer noch einen Plan B, den er aber im Hintergrund verfolgt.» Brandenbergs Niederlage öffnet für die Baarer eine Tür: Die Partei braucht einen neuen Präsidenten und Aeschi hat einen geeigneten Kandidaten. Nur ist der noch nicht besonders willig.

Als Aeschi Hürlimann erstmals darauf anspricht, ob er nicht das Präsidium der Partei übernehmen wolle, hat der wenig Interesse. Schliesslich haben ihn nicht politischer Ehrgeiz oder Geltungsdrang in die Partei geführt, sondern Neugier und Idealismus. Vor die Aussicht gestellt, richtig in die Politik einzusteigen, zögert er. Er fühlt sich noch nicht reif, ist aber auch nicht der Typ für halbe Sachen. Das sei ihm eine Nummer zu gross, sagt er Aeschi. Neben seinem Job und dem anstehenden Bachelorabschluss sei er sich nicht sicher, ob er zu leisten imstande sei, was in dieser Position notwendig wäre.

Doch Aeschi braucht einen guten Parteipräsidenten. In den Jahren zuvor hat es in der Partei viel Unruhe und Wechsel gegeben, von Hürlimann verspricht Aeschi sich Ruhe und die Möglichkeit, über zwei Legislaturen hinweg etwas aufbauen zu können. «Für ein Parteipräsidium hat man nie zu viele Bewerbungen», sagt er heute zu seinen damaligen Überlegungen. «Ein Parteipräsident ist viel unterwegs, Hauptansprechperson im Wahlkampf und in Krisen. Die ganze Arbeit erledigt man ehrenamtlich.» So etwas tut man, wenn man einen Karriereplan hat, doch ein solcher fehlt Hürlimann. Umso besser, sagt sich Aeschi und hofft, Hürlimann werde sich, wenn er einmal Ja gesagt hätte, so ins Zeug legen, wie er das von ihm erwartete.

Also beginnt Aeschi Hürlimann zu umwerben, erzählt

Letzterer heute. Er redet ihm zu, so ein Präsidium gäbe nicht so arg viel zu tun, ihm stünden zudem ein Sekretariat und diverse Helfer zur Verfügung. Ausserdem sei das ein idealer Posten für ihn, eine Riesenchance. Als Parteipräsident könne er die Parteipolitik massgeblich mitprägen, zudem sei dies ein ideales Sprungbrett für eine weitere Karriere, man kriege viel mediale Aufmerksamkeit. Hürlimann aber zögert, erinnert sich Aeschi. «Er suchte das Amt nicht, ich musste ihn etwas überreden. Aber ich sah sein Potenzial, sehe es noch heute. Er hätte das Potenzial zum Regierungsrat gehabt, davon bin ich überzeugt.»

Am 14. Februar 2013 geht Aeschi mit Hürlimann und einem Regierungsrat, der früher selbst Präsident der kantonalen SVP war, essen. Wieder stellt Aeschi Hürlimann in Aussicht, er könne sich als Präsident der kantonalen SVP einen Namen machen und auch der Ex-Präsident versichert ihm, alles werde sich im Handumdrehen erledigen, denn Wahljahre seien Herrenjahre, so erinnert sich Hürlimann an diesen Abend. Und so lässt er sich am Valentinstag dazu überreden. Auf Handschlag sagt er Aeschi zu, im Mai wird er gewählt. «Schwerpunkte sieht der neue Präsident bei der Finanz- und der Sozialpolitik, aber auch den Föderalismus, die Eigenverantwortung der Bürgerinnen und Bürger und den Schutz des Privateigentums gilt es für ihn weiterhin zu stärken», schreibt die SVP in ihrer Pressemitteilung dazu. Bald arbeitet Hürlimann rund 50 Stunden pro Monat unentgeltlich für die Partei, neben seinem Job und der Fachhochschule.

Aeschi führt Hürlimann Schritt für Schritt ans Amt heran. Und Hürlimann ist ein williger und ehrgeiziger Schüler. Er will glänzen und Aeschi bestärkt ihn darin. «Aeschi war Stratege, Drehscheibe und Einpeitscher in Personalunion», sagt Hürlimann. Er wusste, wie der Hase läuft, und Hürlimann rannte. Zwar gibt es zu dieser Zeit eine sehr erfahrene SVP-Parteisekretärin, welche sich um viele administrative Angelegenheiten kümmert und seit langer Zeit in dieser Position tätig ist und dafür auch anständig entlohnt wird. Aber Hürlimann hat hohe Ansprüche, und wenn sie nicht erfüllt werden, macht er halt vieles selbst. Jede Woche gibt es eine Sitzung, er organisiert Kampagnen, Mitgliederversammlungen, Strategiesitzungen und Wahlkampftagungen. Er lädt Referenten zu Streitgesprächen ein, ist Mädchen für alles. Die Leute haben Freude, kommen in Scharen zu den Veranstaltungen. Später wird sich dieses Engagement auszahlen, die Basis wird Hürlimann nach dem Skandal stützen, als die Parteistrategen ihn schon längst fallen gelassen haben.

Allerdings erscheint Hürlimann die politische Basisarbeit anfangs ein wenig seltsam. Früher hat er die Leute belächelt, die im Wahlkampf so blöd von den Plakaten am Strassenrand grinsen, jetzt ist er selbst einer von ihnen. «Ich weiss nicht, welcher Teufel mich ritt, dass ich da mitmachte, aber man kann ja nicht auf halbem Weg stehen bleiben, wenn man einmal zugesagt hat», sagt er heute. Auch Aeschi sieht sich in seinen Hoffnungen bestätigt und sagt heute über Hürlimann: «Er war kein Schreier, keiner, der alles medial vermarkten muss. Lieber hielt er sich zurück, beobachtete.» Hürlimann, sagt Aeschi, sei jemand, der etwas länger brauche, bis das Vertrauen etabliert sei, aber wenn, dann öffne er sich. «Er machte seine Sache sehr gut und erledigte seine Aufgaben bald selbstständig, entwickelte eigene Ideen und setzte sie selbst um. Wenn ich etwas kritisiert hätte, dann, dass er etwas kontaktfreudiger sein und mehr auf Leute zugehen sollte. Deshalb freute ich mich an jenem Abend an der Landammannfeier auch, als ich ihn mit Jolanda Spiess-Hegglin sah.»

Auch Markus Hürlimanns Schwester Helen freute sich über das Engagement des Bruders für die Partei. «Er ist das Amt anders angegangen. Sonst gibt es in der SVP ja viele Polteri, er ist ein feinfühliger Mensch und er blieb sich selbst. Er ging zum Beispiel nicht zum Stierenmarkt, weil er das auch vorher nie getan hatte.» Der Stierenmarkt ist in Zug ein gesellschaftliches Ereignis, das sich kaum ein Politiker entgehen lässt. Manchmal habe ihr Bruder müde gewirkt, erinnert sich Helen heute, trotzdem besuchte er seine Schwester weiterhin regelmässig und half der Alleinerziehenden bei der Gartenarbeit. So wie er das bislang auch gemacht hatte.

Nach einem Jahr im Amt beginnt sich auch Hürlimann in seiner Rolle wohler zu fühlen. 2014 ist ein Wahljahr und er weiss, was er zu tun hat. Wenn er an Gemeindeversammlungen seine Reden hält, hört man ihm zu, so bemerkt er, er kann die Rolle ausfüllen. Immer wieder mahnt er in seinen Ansprachen zu einem haushälterischen Umgang mit den Ressourcen und macht Vorschläge, wie die Kosten zu deckeln wären. Dabei erweist er sich besonders in Finanzgeschäften als begabter Analyst, der die Schwächen in der Argumentation seiner Gegner zwar benennt, aber im Ton anständig bleibt. Nach kurzer Zeit hat er sich an eine gewisse Öffentlichkeit gewöhnt. Auch an den Umstand, dass Medien und Wähler nicht auf ihn als Person reagieren, sondern auf eine Projektion, eine Figur. Und bald findet er auch nichts mehr dabei, sich selbst auf Plakaten zu sehen. «Man schaut strategisch: Ist es gut gemacht, steht es am richtigen Ort?», erklärt er. Peinlich ist es ihm nicht mehr. «Jeder Politiker spielt einfach seine Rolle. Es ist alles nur Theater», sagt er heute, leicht resigniert. Am Ende will man einfach nur gewählt werden.

Auch Jolanda Spiess-Hegglin ist im Jahr 2014 eine bekannte Person in Zug. Seit Anfang der 2010er-Jahre fällt sie auf als fleissige Leserbriefschreiberin zu politischen und medialen Ereignissen. Besonders gern fährt sie anderen Politikern an den

Karren. Etwa kritisiert sie den SVP-Nationalrat Marcel Scherer anlässlich der Waffeninitiative scharf, als dieser in einem Leserbrief die «systematische Entwaffnung der Schweiz» befürchtet. Spiess-Hegglin hält in einem Leserbrief dagegen: «Da wird es mir übel. Wir sind hier nicht mehr bei den Neandertalern. [...] Interessiert es ihn denn, wie es einer Frau geht, die von ihrem Ehemann bei jeder Ungehorsamkeit darauf aufmerksam gemacht wird, dass die Waffe im Kleiderschrank griffbereit ist?»

Spiess-Hegglin ist nie verlegen, wenn es darum geht, Missstände und noch lieber Personen mit «deutlichen Worten» anzuprangern, wie die Journalisten immer wieder schreiben. Bald schon folgen Einladungen zu Podiumsgesprächen und im Mai 2013 wird sie, wie Hürlimann, zur Parteipräsidentin gewählt – im Co-Amt. Als der Zuger Stadtrat im Sommer entscheidet, die Ermässigung beim Buspass für Schüler abzuschaffen, gründet sie mit anderen das Referendumskomitee «Pro Zuger Schüler-Buspass» und setzt sich öffentlich dafür ein. Im November 2013 gewinnen sie dann auch die Volksabstimmung dazu.

«Ehrlichkeit, Verantwortungsgefühl, Aufrichtigkeit», das seien ihre Werte, erzählt Spiess-Hegglin der annabelle. Gern erwähnt sie Journalisten gegenüber auch ihre weitreichende Familiengeschichte: Ihr Grossonkel, Bundesrat Philipp Etter, habe es während des Zweiten Weltkriegs unterlassen, Gräueltaten der Nazis zu verurteilen, und die Grenzen für Flüchtlinge geschlossen. Das habe sie immens gestresst. «Erst als ich begann, selber Politik zu machen, konnte ich mich vom Geist Philipp Etters befreien», so sagt sie der annabelle weiter. «Ich persönlich schätze es, wenn sich Journalisten und deren Vorgesetzte ihre eigenen Gedanken machen und Ethik dabei kein Fremdwort ist», heisst es in einem ihrer Leserbriefe vom Juni 2014.

Derweil kommt es im SVP-Präsidium Markus Hürlimann zu ersten Irritationen. Denn der wächst nicht nur in die Aufgabe hinein, er beginnt auch, die Strukturen besser zu durchschauen. Darin ist er gut. Weniger gut gelingt ihm das Kerngeschäft des Politikers: Er muss leutselig sein, ehrgeizig und gut ankommen. Und er muss Leute an sich binden können, Geschäfte und Gegengeschäfte austarieren. Das kann Hürlimann schlecht. Lobbyieren, Netze knüpfen, Abhängigkeiten schaffen, sich in Hinterzimmerdeals absprechen ist nicht seine Sache. Zwar bemüht auch er sich, Allianzen zu schmieden, wird dabei aber bitter enttäuscht. Die Leute, stellt er bald fest, halten sich selten an das, was sie ihm am Telefon versprechen. Er zweifelt – liegt es an ihm? Hürlimann ist ein genauer Beobachter mit trockenem Witz. «Aber gesellig war er nie», sagt seine Schwester.

Um Leute zu umwerben und für sich einzunehmen, ist er nicht diplomatisch genug. Er sagt ihnen nicht das, was sie hören wollen, sondern was er wirklich denkt. So sieht es auch seine Schwester Helen: «Markus ging das Amt auf seine Art an. Er kann durchaus charmant sein. Aber er kann sich nicht gut verbiegen. Das hat er auch als Parteipräsident nicht getan.» Hundsverlocheten, Beizen und Stammtische sind nicht seine Welt. Zudem hat er auch gar keine Zeit für solche Dinge, mit dem Job, der Ausbildung, nicht zu vergessen die Beziehung.

Trotzdem ist Hürlimann mit vollem Einsatz bei der Sache und lernt schnell. Es gibt einiges zu tun, neben seiner 100%-Stelle und seinem Fachhochschulstudium wird es so viel, dass seine Frau Daniela bisweilen anmeldet, es sei nun dann aber genug. 2013 verschiebt Hürlimann die geplante Bachelorarbeit aufs kommende Jahr und kniet sich ins Amt, denn bereits im Juni 2013 wird er zum kantonalen Wahlkampfleiter der SVP ernannt. Zudem gibt es ständig irgendwelche Feuer zu löschen. Etwa bei den Richterwahlen 2013, als ein Sitz im Kantonsgericht mit einem SVP-Vertreter besetzt werden soll, was normalerweise eine unumstrittene Sache ist. Doch kurz vor der Nominierung gerät der von Manuel Brandenberger vorgeschlagene Jurist in die Schlagzeilen. Bei seiner vorigen Arbeitsstelle sei er als «extrem rechtsbürgerlich» aufgefallen, und bei einem Weihnachtsessen ein Jahr zuvor habe er nicht nur rassistische und sexistische Bemerkungen gemacht, sondern sogar den Hitlergruss gezeigt, berichten die Zeitungen. Der fragliche Jurist streitet alles kategorisch ab, spricht von einer gezielten Intrige gegen ihn. Heinz Tännler fordert öffentlich, der Kandidat sei sofort abzusetzen, sofern er diese Vorwürfe nicht «hieb- und stichfest widerlegen» könne. Die Parteileitung ist sich einig, dass man die Vorwürfe ernst nehmen muss – aber zunächst will man sie überprüfen. Hürlimann lässt sich dafür eine Vollmacht geben, redet mit dem Firmenchef, kann die Vorwürfe aber weder bestätigen noch widerlegen. Es ist eine schwierige Position: Handelt es sich um eine Intrige, tut man dem Kandidaten Unrecht? Oder muss man sofort handeln? Bei der Abklärung der Vorwürfe macht der Kandidat widersprüchliche Angaben, also beschliesst man in der SVP-Führung, die Notbremse zu ziehen, vor allem auch, um ihn selbst zu schützen. In aller Eile wird ein anderer Kandidat aufgeboten: ein FDP-Mann aus dem Netzwerk Tännler, der in der Vorausmarchung noch unterlegen war. Hürlimann ist bis heute überzeugt, dass die brisanten Informationen über den Richterkandidaten aus SVP-Reihen gestreut wurden, und zwar von jenen, die ihren Mann portieren wollten.

Damals aber war die Sache nur ein Notfall neben vielen anderen: Nie zuvor in seinem Leben hat Hürlimann so viel telefoniert, denn als Parteipräsident ist man in solchen Fällen der erste Ansprechpartner für alle Beteiligten. Stundenlang telefoniert er auch in den Ferien, meistens mit Thomas Aeschi, der ihn zu jeder Tages- und Nachtzeit erreicht.

Doch der Einsatz lohnt sich, sein Standing als Parteipräsident ist gut. Zwischen den beiden Machtblöcken Zug und Baar wird er als neutrale, vermittelnde Person wahrgenommen. Er ist die ideale Besetzung. Zwar ist er offensichtlich Aeschis politischer Ziehsohn, aber er kennt auch Manuel Brandenberg, den starken Mann der SVP Stadt Zug schon lange, da ihre Eltern sich seit Langem kannten. Er unternimmt sogar den einen oder anderen Versuch, die beiden zu versöhnen, aber das Unterfangen gestaltet sich als schwierig. Er lädt die beiden zum Essen ein, ohne dem jeweils anderen zu verraten, dass sein Konkurrent auch da sein wird. Brandenberg muss etwas geahnt haben, glaubt Hürlimann heute, jedenfalls meldet er sich kurz vor dem Essen mit einer zweifelhaften Begründung ab.

Im Jahr 2014 gilt Hürlimann mit seinem ökonomischen Hintergrund, seiner relativen Jugend und seinem angenehmen Äussern als vielversprechendes SVP-Talent. Und er macht Resultate, bei Abstimmungen und Wahlen. Dadurch schafft er sich aber auch Gegner, wie er später feststellen wird. Eine besondere Rolle scheint Heinz Tännler zu spielen, ehemaliger Fifa-Chefjurist und damaliger Baudirektor. 2002 war Tännler als Notar an der Errichtung der geheimnisumwitterten «Stiftung für bürgerliche Politik» beteiligt, die manchen als Wahlkampfkasse der SVP gilt, über die aber niemand Auskunft geben will. Tännler ist der Mann, der spätestens seit er 2007 Baudirektor geworden ist, das Geld in die Partei bringt. Und er ist wenig begeistert, als Hürlimann sich danach zu erkundigen beginnt, woher genau dieses Geld kommt.

Das System Heinz Tännler beschreiben Beobachter so: Er schart Bewunderer um sich, denen er dann Jobs verschafft und die sich im Gegenzug um seine Gunst bemühen. In seinem Netzwerk wird getan, was er wünscht – ohne dass er es direkt zum Ausdruck bringen muss. Auch Aeschi war aus dem Umfeld Tännler gefördert worden, aber Markus Hürlimann gehört nie zu dieser Entourage. Und er zeigt auch wenig Ehrfurcht vor dem Mann, stellt stattdessen unangenehme Fragen. «Ich habe viele Belege gesehen, und anders als die meisten habe ich nicht nur begriffen, was vor sich geht, sondern empfand vieles von dem als unsauber», erinnert er sich heute. Für den Regierungsratswahlkampf 2014 bleibt ihm aber nichts anderes übrig, als sich mit diesen Geldflüssen zu arrangieren. Aber gleichzeitig arbeitet er daran, diese zu entflechten. Er möchte die Partei finanziell auf eigene Beine stellen, unabhängig von Zahlungen, welche an einzelne Exekutivmitglieder gebunden sind. Wahlkämpfe sollen künftig weniger über zweifelhafte Spenden, sondern in erster Linie über Mitgliederbeiträge, Mandatsbeiträge und Beiträge des Gönnervereins und allgemeine Parteispenden finanziert werden.

Dass Hürlimann sich genau erkundigte, bestätigt Manuel Brandenberg, aber an konkrete Fälle unsauberer Geldflüsse kann er sich nicht erinnern. Als Parteipräsident beginnt Hürlimann, den Postenhubereien und persönlichen Bereicherungen ein Ende zu setzen. Er verlegt Sitzungen, die bislang zu überteuerten Preisen in den Räumlichkeiten anderer Parteimitglieder stattgefunden haben, an weniger glamouröse, dafür preisgünstigere Örtlichkeiten. Er streicht überrissene Sitzungshonorare zusammen und beabsichtigt, schwarze Kassen zu schliessen.

Überrascht ist er auch von den Deals zwischen Medienschaffenden und Politikern, die er mit der Zeit miterlebt. Wie sich Journalisten von Politikern diktieren lassen, was sie in die Zeitung schreiben sollen oder wie sie von Anlässen berichteten, die sie gar nicht besucht haben. Oder wie Journalisten der Partei drohen, Leserbriefe ihrer Mitglieder nur noch abzudrucken, wenn man auch Anzeigen schalte. In einer Stadt wie Zug, wo politische Kämpfe in den Leserbriefspalten ausgetragen werden und jede Partei darauf drängt, dort Präsenz zu markieren, ist dies eine schwerwiegende Drohung. Hürlimann beobachtet und denkt sich seine Sache im Stillen. «Manchmal glaubte ich, in einem Mafia-Hinterzimmer einem Deal beizuwohnen», sagt er heute.

Spiess-Hegglins Werdegang

Die politische Karriere von Jolanda Spiess-Hegglin startet zeitlich parallel zu jener von Markus Hürlimann. 1980 war sie als erstes von drei Kindern zur Welt gekommen und wuchs in einem katholischen Bauerndorf in der Nähe von Zug auf. Das Elternhaus war in Spiess-Hegglins eigenen Worten konservativ und gegenüber emanzipatorischen Bestrebungen nicht besonders aufgeschlossen. Eine Kindheitserinnerung über Einkäufe in der Stadt Zug schildert sie Jahrzehnte später in Zentralplus: Auf dem alten Epa-Platz habe es Mitte der Achtzigerjahre, gegenüber dem Kaufhaus Nordmann, nach dem Einkauf mit der Mutter für sie und ihre Schwester Vanille-Soft-Ice gegeben, an deren künstlichen Vanillegeschmack sie sich noch heute erinnern könne. Danach sei es mit dem orangen ZVB-Bus wieder zurück ins Dorf gegangen. Später wurde der Epa-Platz in Bundesplatz umbenannt, aus dem Kaufhaus Nordmann wurde neu «die Manor», und auch Spiess-Hegglins Leben entwickelt sich.

Nach Abschluss der Schule absolviert sie eine kaufmännische Lehre, jobbt im Reisebüro und später im damaligen Zuger Amt für öffentlichen Verkehr. Ihr Büro befindet sich im kantonalen Verwaltungsgebäude, nur ein paar Meter entfernt von jenem von Markus Hürlimann, der zur selben Zeit im Amt für Migration beschäftigt ist. Auch ein gewisser Reto Spiess arbeitet zu dieser Zeit in der kantonalen Verwaltung. Alle drei konnte man damals in der grossen Kantine des Verwaltungsgebäudes antreffen, erzählt Hürlimann. Er hat Spiess-Hegglin damals schon vom Sehen her gekannt, wie auch ihren späteren Mann Reto Spiess, die nach einer gewissen Zeit dort als Paar auftraten.

Geheiratet wird im Jahr 2006 in einem Gotthard-Bunker,

vielleicht der Grund, so wird Reto Spiess im grossen Interview mit watson sagen, warum ihre Ehe so unerschütterlich sei. Zu diesem Zeitpunkt hat Spiess-Hegglin ihre Stelle bei der Stadtbahn Zug aufgegeben und arbeitet bei Tele Tell als Reporterin. Als Videojournalistin besucht sie die Fussballnati im Trainingslager in Feusisberg und interviewt Grössen aus Wirtschaft und Politik. Sie hat Talent und einen guten Riecher für Geschichten, sagt ein ehemaliger Vorgesetzter, der lieber anonym bleiben möchte. «Sie war nicht superehrgeizig, aber sie arbeitete speditiv und hatte einen Riesencharme. Allerdings reagierte sie schon damals sehr schlecht auf Kritik, und vor allem musste sie bei allem immer das letzte Wort haben.»

Nach der Geburt des zweiten Kindes wechselt Spiess-Hegglin ins Büro des früheren Regierungsrats Hanspeter Uster. Der Job scheint ihr wie auf den Leib geschneidert: Sie stellt politische Dossiers zusammen, bereitet Präsentationen vor, schreibt Vorträge und Reden. Bei den Wahlen im Herbst 2011 kandidiert sie für den Nationalrat. Als eine von drei «Jungen Wilden», wie die Zuger Zeitung schreibt, lässt sie sich für die Nationalratswahl aufstellen. Man wolle «das Bundeshaus auf den Kopf stellen» und sich für eine aktive Friedenspolitik, grünen Strom, Lehr- und Studienplätze sowie zahlbaren Wohnraum einsetzen.

Im Kurzporträt der Zuger Zeitung heisst es: «Die Journalistin arbeitet zwei Tage in der Woche bei Hanspeter Uster als Assistentin. Sonst kümmert sie sich um die Familie – ‹das Wichtigste für mich›. Ihre Kinder betreut sie mit ihrem Mann. Fremdbetreuung ist nicht ‹ihr Ding›. Filmen, Fotografieren, Industriekultur und Musik sind ihre Hobbys. Soziale und ökologische Themen interessieren sie besonders.» Obwohl sie die Wahl verliert, macht sie beharrlich weiter in ihrer politischen Arbeit. Sie schreibt emsig Leserbriefe, in denen sie gegen bürgerliche

Politik im Allgemeinen und die SVP im Besonderen schimpft, sie setzt sich aber auch für ihre Anliegen ein, etwa für die 2000-Watt-Gesellschaft oder den öffentlichen Verkehr. Bald schon zeigt sich ihr Talent für die medienwirksame politische Inszenierung. Als im Juli 2011 der rechtsextreme Massenmörder Andres Breivik auf der Ferieninsel Utoya 77 Menschen tötet, organisiert sie auf dem Zuger Bundesplatz spontan eine Mahnwache für die Opfer, man zündet Kerzen an und hält gemeinsam eine Schweigeminute ab. «So viele Menschen haben sich vor zehn Jahren international damals mit uns Zugern nach dem Attentat solidarisiert – nun wollen wir mit den Norwegern mitfühlen», sagt sie der Presse. 2013 wird sie ins Präsidium der Alternative/die Grünen gewählt.

Von Anfang an gilt Spiess-Hegglin als angriffige Figur, vorlaut und hartnäckig in ihren Leserbriefen, aber sanft und charmant im persönlichen Umgang. Sie gefällt sich in ihrer Rolle als Stachel im Fleisch der Bürgerlichen, als stolze Nestbeschmutzerin, wie sie in Interviews betont. Und damals schon schafft sie sich stets eine Kulisse von Gegnern, je prominenter, desto besser. So zofft sie sich etwa regelmässig mit dem Journalisten Charly Keiser, den sie gern ihren Erzfeind nennt, sowie diversen anderen bürgerlichen Politikern. Je mehr sie austeilt, desto bekannter wird sie, aber nicht allen gefällt ihr Stil – einige geben zurück. Bald sieht sie sich als Zielscheibe feindlicher Leserbriefe, wie sie den Journalisten damals schon erzählt hat. Und wie heute blendet sie ihre eigene Rolle bei diesen Kämpfen grosszügig aus.

Ihr liebstes Feindbild ist die Rohstoffhandelsfirma Glencore. Als der Börsengang der Firma im Mai 2011 verschiedenen Gemeinden im Zürcher Säuliamt ein paar Millionen in die Gemeindekassen spült, beschliessen ein paar dieser Gemeinden, einen Teil davon für karitative Zwecke zu spenden. Anfang

Dezember greift auch Spiess-Hegglin diese Idee auf und versucht, sie beliebt zu machen. Auch die Stadt Zug solle die Steuergelder von Glencore als «Zeichen der Solidarität» für karitative Zwecke spenden, fordert sie in einem Interview, denn es handle sich um «Geld, an dem Blut klebt». Um der Forderung noch mehr Gewicht zu verleihen, reicht sie dazu auch noch eine Einzelinitiative ein. Die Stadt solle 100 000 Franken an Hilfswerke spenden, die sich für die Rechte der Bevölkerung in den Abbauländern von Rohstoffen einsetzen, so die Forderung ihrer Initiative, die sie auf eigene Faust und ohne weitere Absprachen lanciert. In der Partei ist man über die Initiative gespalten, sie wird vom Gemeinderat auch in der Luft zerrissen.

Aber für Spiess-Hegglin zahlt sich die Sache aus. Sie findet Journalisten, die mehr über ihre Beweggründe wissen wollen. «Ich musste es einfach tun», diktiert sie ihnen in die Notizblöcke. Und im Januar 2014 findet sie in ihren E-Mails eine Einladung von Glencore-Chef Ivan Glasenberg höchstpersönlich zu einem Gespräch am Hauptsitz des Milliardenkonzerns in Baar. So etwas gab es noch nie. Jo Lang, Partei-Mitgründer der Alternative/die Grünen, jubelt gegenüber der Zentralschweiz am Sonntag, die Einladung sei ein «Meilenstein». Auch etwas Neid ist herauszuhören, wenn er erläutert, wie seine Partei den Konzern seit dreissig Jahren kritisiere, aber nie eine nennenswerte Reaktion gekommen sei. Geschweige denn ein solch grosses Medienecho. Wenigstens ist einer seiner politischen Zöglinge dafür verantwortlich: Jolanda Spiess-Hegglin, das aufstrebende Polittalent.

2014 ist ein Wahljahr. Im Wahlkampf setzt Spiess-Hegglin gezielt auch die sozialen Medien ein, betreut ihre eigene Seite und kommentiert fleissig im Netz, wie sie der Zuger Zeitung erzählt. «Social Media sind ein Lebensstil und eine Philosophie – es ist eher peinlich und lächerlich, wenn jemand jetzt schnell auf die Wahlen hin auf Facebook erscheint. Das bringt nichts.»

Auch für Markus Hürlimann, den Parteipräsidenten der Zuger SVP, geht im Jahr 2014 der Wahlkampf los. Das bedeutet zunächst vor allem viel Arbeit. Es gilt, die Kampagnen für beide Regierungsräte zu machen, dazu die Dachkampagne für die Partei. Den Wahlkampf für die Kandidaten der Ortspartei führen diese selbst, was Hürlimann sehr viel Koordinationsarbeit abverlangt. Im Wahlkampf trifft er dann wieder auf die unschönen Seiten des Politikbetriebs.

Seit Aeschi es im Jahr 2011 mit einer Apfel-Kampagne zum Nationalrat gebracht hat, ist diese Methode der Wähler-Werbung bei der Zuger SVP schwer angesagt. Eines Abends verabredet sich Hürlimann mit einem Gemeinderats- und zwei Kantonsratskandidaten, um eine solche Apfel-Verteilaktion zu organisieren. Die Früchte sollte der Gemeinderatskandidat mitbringen, man plant, sie gemeinsam mit einem SVP-Sticker zu bekleben. Doch als sie sich treffen, sagt der angehende Gemeinderat: «Ich habe die Äpfel noch im Auto, sie sind noch etwas feucht. Ich werde sie dann später selbst mit unseren Stickers bekleben.»

Als sie sich am nächsten Morgen zur Verteilaktion treffen, sind die Äpfel tatsächlich mit Klebern versehen. Aber nicht nur das Logo der Partei ziert die Früchte, sondern auch der Kopf des kandidierenden Gemeinderates. Er hat gleich noch seine eigenen Sticker draufgeklebt. «Wir nahmen das dann weg», sagt Hürlimann heute lapidar. Er erinnert sich auch an einen anderen Abend, als sie ebenfalls verabredet sind, um zu dritt Äpfel zu verteilen. Kurz zuvor sagen die beiden anderen Hürlimann ab, und allein zu gehen, beschliesst er, macht auch nicht allzu viel Sinn. Stattdessen will er abends eine Versammlung besuchen und trifft auf dem Weg dahin die beiden anderen dann doch an. Sie verteilen Äpfel. «Ich dachte immer, in einer Partei kämpft man zusammen gegen den politischen Gegner, um die eigene Partei voranzubringen. Aber das ist nicht der Fall. Dein Feind ist nicht der politische Gegner. Dein Feind ist der Parteifreund auf derselben Liste. Auch meine Wahl wollten Parteikollegen verhindern. Es waren dieselben, die später mit Nachdruck meinen Rücktritt forderten.»

Es gibt auch Wahlkampfaktionen seiner SVP, die für öffentliche Kritik sorgen. An einem Samstag im August verteilen Mitglieder der SVP auf dem Zuger Bundesplatz mit ein paar Parteikollegen Geld, um gegen die «viel zu hohen Parkgebühren» zu protestieren. Es sind 50-Rappen-Stücke, auf einen Flyer mit den Gesichtern der Stadtratskandidaten Jürg Messmer und André Wicki geklebt, auf denen zu lesen ist: «Wir zahlen ihre Parkgebühr zurück.» 500 Franken verteilt die SVP so unters Volk, was den ebenfalls mit Flyern auf dem Bundesplatz präsenten SP-Vertretern nicht gefällt. Sie haben nur öde Schokolade anstelle von Geld zu bieten.

Auf dem nahe gelegenen Landsgemeindeplatz verteilt an diesem Nachmittag auch Jolanda Spiess-Hegglin, Co-Präsidentin der Alternative/die Grünen, etwas für ihre Partei: Sonnenblumen. Ihre Partei war es auch, die den Steilpass der SVP mit dem verteilten Geld dankbar annahm. Man sei schockiert über diese «saloppe Form des Stimmenkaufs», teilt die Partei der Presse mit. «Damit wollen sich die beiden SVP-Stadtratskandidaten die Stimmen der Zugerinnen und Zuger auf rechtlich fragwürdige Art und Weise kaufen», schreibt die Partei in einer Mitteilung: «Die bürgerlichen Kandidaten scheinen sich von einer inhaltlichen Politik verabschiedet zu haben, ansonsten könnten sie mit Argumenten statt Geld überzeugen.» Und deshalb forderten sie die beiden SVP-Kandidaten auf, ihre Finanzen offenzulegen. Jolanda Spiess-Hegglin meldet sich persönlich zu Wort: «Mit einem Batzen signalisiert die SVP, dass sie

Ihre Stimme kauft.» Es sei ein «absolutes Tabu, Wähler mit Geld direkt zu beeinflussen». Die SVP entgegnet, Wahlkampf koste immer Geld, und ob man nun Schokolade oder Füfzgerli verteile, spiele ja wohl kaum eine Rolle.

Hürlimanns Einsatz zahlt sich aus. Ende 2014 machte die Partei unter Hürlimanns Führung und mit seinem Wahlkampf das beste Wahlresultat überhaupt, steigt zur zweitstärksten Kraft hinter der CVP auf und er selbst wird in den Kantonsrat gewählt.

Der Verrat

Nach seinem Erfolg bei den Wahlen erlebt Hürlimann einen kurzen Moment der Befriedigung. Dann folgt eine unerwartete Leere. Er weiss nicht genau, wie dieses Gefühl einzuordnen ist, erzählt er heute. Er fragt sich, ob er bereits unter einem politischen Burn-out leide. Doch dann realisiert er, dass ihm doch einiges gelungen ist. Unter seiner Führung arbeitet die Partei gut zusammen, trotz Differenzen zwischen Zug und Baar. Es ist ihm gelungen, die verschiedenen Sektionen zusammenzubringen, er redet mit allen, holt alle Meinungen ab, alle fühlten sich gehört. Besonders beeindruckt sind seine Parteikollegen von seinen organisatorischen Fähigkeiten. Manuel Brandenberg ist bis heute zufrieden: «Er hat bei seinem Amtsantritt eine Analyse der Partei erarbeitet, wo wir stark sind, wo nicht, wo wir zulegen müssen. Und er hat einen Massnahmenplan vorgelegt, und das alles ganz selbstständig.» Von Hürlimanns Engagement profitiert zwar die ganze Partei, was aber nicht bedeutet, dass sein Aufstieg allen gefällt. Bald wird er erfahren, wie vielen Leuten er schon ins Gärtchen getreten ist. Und dass sie das nicht besonders schätzen. Sie wetzen ihre Messer, doch davon hat er keine Ahnung.

Realpolitik wird nicht im Fernsehen und in den Zeitungen gemacht, sondern in den Kommissionen. Die Wahlen für diese sind deshalb wichtig. Dort werden Weichen gestellt, Allianzen geschmiedet, man kann sich einen Namen machen. Sie sind für den 18. Dezember anberaumt – zwei Tage vor der Landammannfeier, an der konstituierenden Sitzung des Kantonsrates. Traditionell trifft sich hierfür die Fraktion im Vorfeld und bestimmt, wen sie in welche Kommission bringen will. Diese

Nominationen werden in der Regel stillschweigend akzeptiert. Hürlimann strebt einen Sitz in der erweiterten Staatswirtschaftskommission an und glaubt, als Betriebsökonom und Kenner der Zuger Verwaltung der richtige Mann zu sein. Das sieht auch die Kantonsratsfraktion so, weshalb sie ihn mit einem Mehrheitsentscheid als Kandidaten vorschlägt. Dass im Hintergrund bereits Absprachen laufen, um seine Wahl zu verhindern, weiss Hürlimann nicht. Der bisherige Inhaber dieses Sitzes, Flavio Roos, denkt nämlich nicht daran, den Neuen einfach vorzulassen, Präsident hin oder her. Also will ein Grüppchen von Verschwörern Roos gegen die Empfehlung der Fraktion zur Wiederwahl vorschlagen, und zwar in einer geheimen Abstimmung. Das wird alles heimlich im Vorfeld organisiert.

Als Hürlimann am 18. Dezember 2014 zur konstituierenden Kantonsratssitzung kommt, tritt ein CVPler auf ihn zu. In der Hand hält er das Drehbuch für die Abstimmung, das Hürlimann noch nicht gesehen hat, von dem er nicht einmal wusste, dass es existiert. Er fragt Hürlimann: «Weisst du von diesem Antrag gegen deine Wahl in die Staatswirtschaftskommission?» Nein, weiss er nicht. Hürlimann fragt in der Fraktion nach, dort beruhigt man ihn: Mach dir keine Sorgen! Es läuft alles nach Plan. Doch es ist nicht Hürlimanns Plan, der da gespielt wird. Bei der Sitzung schlägt ein SVP-Kantonsratskollege Hürlimanns Roos zur Wiederwahl vor und beantragt eine geheime Wahl. Das Parlament stimmt über dieses Vorgehen ab, und eine Mehrheit ist dafür. Da ahnt Hürlimann bereits, was auf ihn zukommen wird, da auch einige seiner eigenen Parteifreunde dafür stimmen. Bei der folgenden geheimen Abstimmung wird Roos mit 42 zu 22 Stimmen wiedergewählt, Hürlimann geht leer aus. Er ist enttäuscht. In einer noch nie dagewesenen innerparteilichen Kampfwahl um einen Kommissionssitz wurde er abgesägt. Er fühlt sich von der eigenen Partei desavouiert, vor dem ganzen Kantonsrat blossgestellt und zieht sich zurück – innerlich kocht er.

Am selben Tag werden in der Kirche St. Oswald in Zug auch die neuen Kantonsrätinnen und Kantonsräte vereidigt. 29 Personen treten dieses Amt zum ersten Mal an, darunter Hürlimann und Spiess-Hegglin. Zentralplus berichtet: «Mit ihrem neu erreichten Kantonsratssitz erhofft sich die 34-Jährige insbesondere, zwischenmenschlich viel zu erreichen und so beispielsweise fraktionsübergreifende Allianzen zu bilden.» Nach den Feierlichkeiten steht ein festlicher Apéro auf dem Programm, aber den lässt Hürlimann aus, er ist wütend und enttäuscht. Der damalige Fraktionschef Manuel Brandenberg, der auch die entsprechende Sitzung geleitet hat, versucht die Wogen zu glätten. Draussen auf der Strasse, auf dem Weg zum Apéro im Rathauskeller, klopft er ihm aufmunternd auf die Schultern: «Komm doch auch noch mit! Das ist Politik, das ist Demokratie, das muss man nicht persönlich nehmen», erinnert sich Brandenberg, habe er ihm gesagt. Doch Hürlimann habe ihm nur erwidert: «Ich weiss, was ich jetzt zu tun habe.» Dann sei er Richtung Parkhaus davongestapft.

Am selben Abend findet später in Walchwil auch die Feier zu Ehren des neu gewählten Kantonsratspräsidenten und SVP-Kantonsrates Moritz Schmid statt. Er gehört in Hürlimanns Augen zu den Verschwörern, doch als Kantonalpräsident hat er zugesagt, für Schmid die Laudatio zu halten. Hürlimann hält sein Versprechen, hält die Rede. Wenn auch mit zusammengebissenen Zähnen. Denn auch Schmid kennt seine Familie schon lange; Hürlimanns Onkel ist ein guter Freund von Schmid.

Die verpasste Wahl setzt Hürlimann zu. Mehr als ihm lieb ist. Er ist so müde und enttäuscht, dass er droht, das Parteipräsidium niederzulegen. Das ruft Aeschi auf den Plan. Er meldet sich telefonisch bei Hürlimann, versucht, ihn zu beruhigen, wie er heute sagt. Für Aeschi und andere seiner Parteikollegen ist Hürlimanns verlorene Wahl «courant normal», eine Niederlage, die man wegstecken können muss. Doch Hürlimann ist schwer enttäuscht. «Es überraschte mich, dass es ihn so stark getroffen hat, er nahm es als Vertrauensverlust wahr», sagt Aeschi heute. «Doch Politik verlangt Geduld. Als Parlamentarier führt man eine permanente Uphill-Battle. Für Hürlimann war dies alles neu.» Für Helen Hürlimann ist klar, was ihrem Bruder zu schaffen macht: «Wie da hinter seinem Rücken gegen ihn agitiert wurde, das machte ihn fertig», sagt sie. «Er fühlte sich verraten.»

Als Markus Hürlimann am Samstag, den 20. Dezember 2014 mit zwei Kollegen im Bus zum Landsgemeindeplatz fährt, ist er gleichzeitig erschöpft und desillusioniert, aber auch erwartungsvoll auf die Feier. Seine erste als Kantonsrat. Es ist Jahresende, er hat extrem hart gearbeitet und so schlecht ist das Jahr gar nicht gelaufen. Er hat sich als Präsident der kantonalen SVP bewiesen. Er ist zum Kantonsrat gewählt worden – auch wenn er sich von seinen Parteikollegen verarscht fühlt und nicht gerade brennende Lust hat, sich mit ihnen zu unterhalten. Der Plan ist, nur kurz vorbeizuschauen und dann früh nach Hause zu gehen. Er stösst mit seinen Kollegen an und lässt sich von da an einfach treiben.

Der Medien-Tsunami

Zu den grossen Unbekannten in dieser Geschichte gehört bis heute die Frage: Wer hat die Medien informiert? Drei Tage nach der Landammannfeier, als Hürlimann in Haft genommen und einvernommen wird, recherchieren bereits zwei Zeitungen dazu. Wer wusste von Spiess-Hegglins K.-o.-Tropfen-Verdacht und hatte ein Interesse, dies öffentlich zu machen – und zwar schweizweit? Von welcher Seite kam diese Person und aus welchen Motiven handelte sie?

Das zu eruieren ist kaum möglich. In ihrem Bemühen, die Geschehnisse der Nacht zu rekonstruieren, hatten sowohl Jolanda Spiess-Hegglin wie auch Markus Hürlimann verschiedene Leute informiert, die theoretisch ihrerseits wiederum verschiedene Bekannte in Kenntnis gesetzt haben könnten – sie alle kommen als Quelle infrage. Im Spital wusste man Bescheid, ebenso bei Polizei und Staatsanwaltschaft. Wahrscheinlich ist aber, dass ein und dieselbe Quelle sowohl das lokale Online-Portal Zentralplus belieferte wie auch den Blick. Aus SVP-nahen Kreisen wurde verschiedentlich vermutet, das Leck müsse aus der Entourage von Spiess-Hegglin gekommen sein. Mit der Absicht, einem SVPler zu schaden, habe man mit Zentralplus den Medientitel avisiert, der politisch auf derselben Linie liege.

Doch das sind Spekulationen. Sicher ist: Der Blick war bereits am Recherchieren, als der Artikel am Dienstag auf Zentralplus online ging – ein Blick-Reporter hatte Markus Hürlimann schon vorher zu erreichen versucht. Bei Ringier weiss nur eine Person sicher, wer der Anrufer war, der die Information an die Medien durchsteckte, nämlich der Redaktor, der den Telefonanruf entgegennahm. Er war am fraglichen Tag Dienstchef und arbeitet heute nicht mehr bei Ringier. Trotzdem weigert er sich auf Anfrage für diese Recherche, die Identität der Quelle preiszugeben. Er sagt nur so viel: Das Motiv dieser Quelle war nicht politisch.

Über die Titelstory des Blick am Morgen des 24. Dezember redet das ganze Land und sie findet einen entsprechenden Widerhall im Echoraum der digitalen Öffentlichkeit, in der die sozialen Medien 2015 zunehmend die Meinungsbildung zu beeinflussen beginnen. Die Zuger Gerichte werden später urteilen, dass dieser Artikel mit Namen und Bild schwerwiegend die Intimsphäre von Jolanda Spiess-Hegglin verletzte. Was den konkreten Inhalt betrifft, so wird in den ersten beiden Artikeln von Zentralplus und Blick einigermassen korrekt das rapportiert, was zu dem Zeitpunkt bekannt ist. Es gab zwei Kantonsräte, die sich im Nachgang der Landammannfeier nähergekommen waren, einen K.-o.-Tropfen-Verdacht, eine Verhaftung. Noch am 24. Dezember reagiert die SVP Zug mit einer öffentlichen Mitteilung: Thomas Aeschi werde die Parteileitung ad interim übernehmen, die Geschehnisse des 20. Dezembers seien Gegenstand polizeilicher Ermittlungen, es gelte die Unschuldsvermutung. Auch Hürlimann macht am 24. Dezember eine eigene Medienmitteilung: Er bestreitet die gegen ihn erhobenen Vorwürfe, er habe sich keines strafbaren Verhaltens schuldig gemacht. Der Verdacht, es seien K.-o.-Tropfen im Spiel gewesen, habe sich durch bisherige Ermittlungen in keiner Weise erhärten lassen. Die einvernommenen Zeugen hätten einvernehmliches Handeln zwischen ihm und Spiess-Hegglin bestätigt. Er werde sich aufgrund des laufenden Verfahrens erst zu einem späteren Zeitpunkt detaillierter äussern.

Diese Medienmitteilung von Markus Hürlimann, wird Jolanda Spiess-Hegglin später sagen, habe sie «gezwungen», selber an die Öffentlichkeit zu gehen und sich zu verteidigen.

84

Es ist eine Art Wendepunkt im frühen Stadium dieser Affäre, in der sie noch unter Schock zu stehen scheint. Wohl war sie ins Spital gegangen, wohl hatte sie sich einverstanden erklärt, dass man die Sache der Polizei meldete, nachdem das Spital ihr erklärte, das müsse so geschehen. Und sie hatte auch freiwillig gegenüber der Polizei Auskunft gegeben. Dass die Information an die Öffentlichkeit gelangen könnte, damit hat sie nicht gerechnet. Im Falle von Zentralplus hat sie es sogar aktiv zu verhindern versucht. Doch dass Hürlimann plötzlich von sich aus kommuniziert, setzt sie unter Druck. Das zeigt auch der Telefonanruf, den sie kurz nach Publikation von Hürlimanns Pressemitteilung ins Polizeirevier macht. Sie fragt den diensthabenden Beamten, ob er ihr empfehlen würde, ebenfalls an die Öffentlichkeit zu gehen. Dieser rät davon ab.

Am Donnerstag, den 25. Dezember tritt auch Jolanda Spiess-Hegglin mit einem Statement an die Medien: «Das Ereignis macht mich tief betroffen und erschüttert mich.» Sie halte es nicht für richtig, dass dieser Fall nun über die Medien ausgetragen werde, wolle sich aber dennoch von der Medienmitteilung von Hürlimann distanzieren. Sie behalte sich eine Anzeige vor und finde Rückhalt und Kraft in der Familie, die sie auch schützen wolle. Sie werde zum Vorfall im Moment nicht weiter öffentlich Stellung nehmen und bitte um Verständnis.

Ihr Einsatz um Deutungshoheit beginnt an jenem Donnerstagmorgen mit einem Statement, das die kommenden Ereignisse vorwegnimmt: Spiess-Hegglin beteuert, den Kampf nicht in den Medien austragen zu wollen – wird aber genau das mit beispielloser Konsequenz tun. Bald wird dieser Kampf in einen Krieg um Meinungsführerschaft, zuerst in den klassischen und dann in den sozialen Medien ausarten. Spiess-Hegglin beteuert später auch immer wieder, niemanden beschuldigt zu haben – dennoch hat sie die Ereignisse bei der Polizei immerhin so dargestellt, dass ein Verdacht auf Hürlimann fallen musste. Warum sie sich verteidigen muss, wenn Hürlimann sagt, er habe sich keines strafbaren Verhaltens schuldig gemacht, ist ebenfalls nicht klar, zumal sie sich ja gar nicht daran erinnern kann, was geschehen ist.

Phase 1: Orientierung

Die Berichterstattung über den sogenannten «Zuger Sexskandal» hat sich in den vergangenen Jahren fast ausschliesslich auf den «Medienfall Spiess-Hegglin» fokussiert. Dabei wird gern ein mediales Totalversagen festgestellt, wie zuletzt im Juni 2019 auf dem Onlineportal Republik. Allerdings haben die meisten dieser Artikel immer nur eine Stossrichtung: Spiess-Hegglin als Opfer. Opfer eines behaupteten Übergriffs, einer Schmähkampagne in den sozialen Medien und in den klassischen Medien. Diese hätten ihre Persönlichkeitsrechte verletzt, die Unschuldsvermutung missachtet und ihr Versagen danach nicht aufgearbeitet, heisst es in der Republik. Das trifft in Teilen zu, doch ist auch eine sträflich verkürzte Analyse. Denn es fehlt die Perspektive des in den Medien als mutmasslicher Täter Dargestellten: Markus Hürlimann. Wenn er in diesen Artikeln erwähnt wird, dann fast ausschliesslich in der Rolle des potenziellen Täters. Dass für ihn die Unschuldsvermutung ebenso gelte, wird allenfalls beiläufig erwähnt. Nirgends wird aber besprochen, dass Hürlimann offiziell unschuldig ist und trotzdem bis heute indirekt als mutmasslicher Vergewaltiger dargestellt wird. Deshalb gibt es nicht nur einen «Medienfall Spiess-Hegglin». Vielmehr hat Spiess-Hegglin mit ihrem äusserst aktiven Verhalten gegenüber den klassischen und in den sozialen Medien Anteil daran, dass die Medienlawine so intensiv war und zu einem weiteren Medienopfer führte: Markus Hürlimann.

Was die Berichterstattung in der ersten Orientierungsphase bis Ende Januar angeht, muss man die Branche durchaus kritisieren. Dafür, dass die beiden mit Namen und Bild genannt wurden. Dass die Berichterstattung total überbordete: 204

Publikationen zum Ereignis zählte die Medienbeobachtungsstelle Argus allein in den ersten zwei Wochen nach der Landammannfeier. Doch erstens ist dies auch ein systemimmanentes Problem der Branche, die ihrer Informationspflicht nachkommen muss, und zweitens hat die Menge der Artikel auch wesentlich damit zu tun, dass die Geschichte mit den Dementis und Vorwürfen der Protagonisten auf der News-Ebene vorangetrieben wurde. Dazu kamen die bald darauf einsetzenden Bestrebungen der SVP, Hürlimann aus der Partei zu drängen, was wiederum für News-Stoff sorgte. Nicht vergessen darf man darüber hinaus die Rolle Jolanda Spiess-Hegglins, die von Anfang an ebenfalls auf die Medien zuging und sie mit Informationen versorgte. Sie habe «erheblich dazu beigetragen, dass das Aufsehen um die Ereignisse nach der Landammannfeier nicht abflachte und der sie belastende Medienhype anhielt», hielt auch das Zuger Obergericht in seinem Urteil vom August 2020 fest.

Aufschlussreich ist es, wie die verschiedenen Medientitel mit der Figur Spiess-Hegglin umgingen. Zwar blieben die meisten Journalistinnen und Journalisten gegenüber ihrem K.-o.-Tropfen-Verdacht zunächst skeptisch, nahmen ihre Gesprächsangebote aber dennoch willig an – was die Berichterstattung natürlich vorantrieb. Gaudenz Looser, damals Blattmacher, heute Vize-Chefredaktor von 20 Minuten, erinnert sich: «Im Büro Luzern hatten wir eine Zeitlang einen sehr kurzen Draht zu ihr. Sie hat uns immer neue Geschichten geliefert, gute Geschichten mit guten Perspektiven.» Bekannt ist auch, dass die ehemalige Video-Journalistin Spiess-Hegglin nicht nur die Nähe zu 20 Minuten suchte, sondern auch zu anderen Titeln und Journalisten. Immer wieder kontaktierte sie Redakteure und Redakteurinnen direkt und versuchte, die Berichterstattung aktiv zu lenken.

Die Redakteure können ihr Glück kaum fassen. Für einmal haben sie es mit einem Opfer zu tun, das sich nicht zurückzieht, sondern detailreich berichtet und sich ausgiebig zitieren lässt. Und viele Artikel, in denen es um die Politikerin geht, bescheren beste Klickzahlen. Beim Pendlerblatt 20 Minuten wird schnell klar, dass es sich nicht nur um eine aussergewöhnliche Story handelt, sondern dass man es auch mit einer besonderen Person zu tun hat, wie Gaudenz Looser erzählt. «Es war irritierend, wie sehr und wie anhaltend diese Frau die Öffentlichkeit gesucht hat, was normalerweise nicht zur Reputation beiträgt. Aber ihre Geschichten waren gut. Sie hatte ein wahnsinnig kriegerisches Vokabular, suggerierte Verschwörungen, war immer auf 180 und klagte immer mit der vollen Baggerschaufel an.»

In einer solchen Situation muss sich jeder Journalist fragen, ob er sich nicht instrumentalisieren lässt, was natürlich auch bei 20 Minuten diskutiert worden sei, sagt Looser. Aber es war klar: «Sie war Politikerin und mögliches Opfer in einem der grössten Medienfälle. Was sie von sich gab, war zudem ein mögliches Puzzle-Teilchen in einem virulenten Konflikt, den zu rapportieren zu unseren Aufgaben gehörte.» Und so bildete 20 Minuten eifrig ab, was der Skandal hergab. Erst viel später sollte sich Spiess-Hegglin auch mit dem Pendlerblatt zerstreiten.

Bald ist Spiess-Hegglin in den einschlägigen Redaktionen bekannt für ihren Mitteilungsdrang, auch beim Blick. Zwischen ihr und dem Boulevardtitel entwickelt sich bald ein seltsames Verhältnis, eine Art Hassliebe. Für den Blick ist es die perfekte Boulevard-Geschichte zur perfekten Zeit. Und er spielt sie nach allen Regeln des Metiers. Nicht nur hatte der Blick die Namen der beiden Politiker als erster Titel öffentlich gemacht, er treibt die Geschichte auch unablässig voran, spitzt zu, verbreitet falsche Gerüchte. 20-Minuten-Chef Looser schildert die damalige Situation so: «Der ‹Blick› stieg knietief ein und wir beobachteten das halb bewundernd und halb mit dem Bedürfnis, die Hände zu waschen.» Selbst habe man sich bei dieser Story darauf konzentriert, die News-Ebene abzudecken, ohne sich unter Druck zu fühlen, den Konkurrenten auf der Ebene Recherche zu übertrumpfen. Leider verzichtete Ringier darauf, für diesen Text zu ihrer Berichterstattung Stellung zu nehmen – mit Verweis auf das laufende Verfahren.

Am Samstag, den 27. Dezember 2014 geht die breite Medienberichterstattung schweizweit los, auch im Welschland und im Tessin wird berichtet. Der Blick titelt «Sex-Skandal in Zug: Alles begann auf der ‹MS Rigi›». Siebeneinhalb Jahre später entscheidet das Zuger Kantonsgericht, der Artikel habe die Privatsphäre und Ehre von Jolanda Spiess-Hegglin verletzt. Doch damals bremst niemand die Medien in ihrer Berichterstattung.

Der Tenor lautet anfänglich: Gesicherte Fakten gibt es wenig, es steht der Vorwurf von K.-o.-Tropfen und der Verdacht auf Schändung im Raum. Besonders gut informiert ist die Zuger Zeitung beziehungsweise ihr Journalist Charly Keiser. Er war nicht nur am Abend der Landammannfeier dabei, sondern zuvor auch im Rat. Er hat auch das Foto an der Feier gemacht, auf denen die beiden Arm in Arm im Foyer vor der Treppe vom Deck posieren, und ein zweites Foto, auf dem Spiess-Hegglin mit strahlendem Lächeln zu Hürlimann hochschaut. Die beiden haben ein Weinglas in der Hand und wirken vertraut. «Nach diesen Fotos war sie politisch tot», sagt Keiser heute, denn diese sprechen für sich. Trotzdem oder vielleicht gerade deswegen habe sein Chefredaktor die Fotos anfänglich gar nicht abdrucken wollen. Bald werden sie in der halben Schweiz erscheinen und wesentlich zu den Zweifeln beigetragen, die man Spiess-Hegglins Vorwürfen von Anfang an entgegenbringt.

Am 27. Dezember erscheint der Artikel von Charly Keiser, den er nach dem Gespräch mit Hürlimann und Aeschi auf deren Autofahrt vom 24. Dezember schrieb: Die beiden Kantonsräte hätten sich benommen «wie Jugendliche an der Schulabschlussparty». Die versammelte Zuger Politprominenz habe den Kopf geschüttelt, «der Autor dieser Zeilen war ebenfalls Zeuge des Auftritts der beiden Parteipräsidenten – sowohl während des Festes auf den beiden Partyschiffen als auch danach in der ‹Schiff›-Bar». Keisers Bericht beschränkt sich auf das, was man zu dem Zeitpunkt erfahren konnte. Sein Fazit: «Daraus [aus den Medienmitteilungen beider Parteien] ist zu folgern, dass es zwischen den beiden an besagtem Fest als Finalissima im Restaurant ‹Schiff› zu einem ‹Vorfall› gekommen ist, sprich zu Sex. Ob dieser einvernehmlich war oder nicht, darüber herrscht Uneinigkeit.» Ob es eine solche Finalissima gegeben hat, war zu diesem Zeitpunkt jedoch erst Gegenstand laufender Ermittlungen.

Am 28. Dezember folgt die Sonntagspresse. Am Donnerstag noch hatte Jolanda Spiess-Hegglin in ihrer ersten Mitteilung an die Presse mitgeteilt, sich im Moment nicht weiter öffentlich äussern zu wollen. Doch den Vorsatz wirft sie bereits wieder über Bord. Sie hat mittlerweile Patrick Senn als Kommunikationsberater engagiert, der in ihrem Namen mit den Medien spricht. Jolanda Spiess-Hegglin sei am Sonntagmorgen mit Schmerzen erwacht und deshalb ins Spital gegangen. «Die Ärzte stellten Unterleibsverletzungen fest, die gemäss deren Aussage offenbar oft im Zusammenhang mit K.-o.-Tropfen stehen», lässt sich Senn in der SonntagsZeitung zitieren. Allein, der Untersuchungsbericht des Kantonsspitals, der sich in den Akten zum Fall befindet, hält nichts Derartiges fest. Zwar hat Jolanda Spiess-Hegglin beim Punkt «Gewaltanwendung» das Quadrat mit «Ja» angekreuzt und dazu geschrieben: Anal, genital, linker Unterschenkel. Die Untersuchung durch die Ärztin ergibt denn auch einen kleinen Kratzer auf der linken Schulter und ein Hämatom und Schürfungen am rechten Unterschenkel. Aber keine Verletzungen im Intimbereich.

Sobald die Behauptung mit den «Unterleibsverletzungen» öffentlich geworden ist, verselbstständigt sie sich, alle Zeitungen berichten darüber, auch Spiess-Hegglin spricht wiederholt davon. Für Hürlimann ist dies eine neue Eskalationsstufe. Dass sein Bild in der Zeitung erscheint mit dem Verdacht, er könnte eine Frau geschändet haben, ist schlimm genug. Nun gesellt sich dazu noch die Vorstellung von Unterleibsverletzungen und damit von brutalem Sex. Der zu Spiess-Hegglins Berater mutierte Hansi Voigt wird die kollektive Phantasie zweieinhalb Jahre später folgendermassen zusammenfassen: «[Die Kantonsrätin] lässt sich nach ein paar Gläsern Alkohol» von Markus Hürlimann, SVP, «während der traditionellen Landammannfeier, zünftig, und nach vorangegangener Liebelei vor allen anwesenden Zuger Kantonsräten, im offenen Nebenzimmer – der ‹Captain's Lounge› – mal so richtig durchvögeln.» Damit will er umreissen, was die Öffentlichkeit in seiner Vorstellung damals geglaubt haben soll.

Auch der SonntagsBlick nutzt den Steilpass von Spiess-Hegglins Kommunikationsberater. «Das sagt das Opfer: Grünen-Politikerin musste ins Spital, weil sie verletzt war», titelt er – aufgemacht ist der Artikel mit einem grossen Bild der Politikerin. Im Text steht, sie sei am Sonntag «mit klarem Kopf» erwacht, gemeint ist ohne Kater. Ihr Kommunikationsberater Patrick Senn sagt dem SonntagsBlick zudem, im Spital habe man ihr gesagt, «zusammen mit dem Filmriss sei das ein bekanntes Muster, wenn jemand K.-o.-Tropfen verabreicht bekommen hat.» Ob er das selbst so interpretiert oder ob seine Mandantin ihm das so gesagt hat, ist unklar. Um eine Stellungnahme gebeten, teilte Patrick Senn mit: «Bis heute kann ich auf der Basis der Akten und Informationen, die mir vorliegen, keinen Widerspruch in den Aussagen von Frau Spiess-Hegglin erkennen.»

Das Spital wollte zu dieser Aussage im SonntagsBlick keine

Stellung nehmen. Aus heutiger Sicht ist es jedoch fraglich, ob die Ärzte des Zuger Kantonsspitals wirklich von einem typischen K.-o.-Tropfen-Muster gesprochen haben. Ausgehend vom tatsächlichen Spurenbild, wie es in den Akten verzeichnet ist, drängt sich dieser Verdacht nicht auf. Am Sonntagmorgen lagen einzig die Schilderung einer Schmerzempfindung Spiess-Hegglins vor und der von ihr geäusserte Verdacht, sie könnte betäubt worden sein. Im Telefonat des Zuger Kantonsspitals an die Polizei ist die Rede von einem Verdacht auf K.-o.-Tropfen, den Spiess-Hegglin selbst äusserte, nicht etwa das Spital. Auch spätere toxikologische Gutachten zur Wirkungsweise von K.-o.-Tropfen erwähnen nichts von solchen angeblich typischen Erlebnismustern. Trotzdem wird Spiess-Hegglin daran festhalten, als beweise dies ihren Verdacht. Genauso wie die anderen Angaben zu diesem Sonntagmorgen. In den nächsten Wochen wird sie das jedem Journalisten erzählen, der sie danach fragt. Und wer nicht fragt, aber noch nicht von ihrer Version überzeugt ist, den ruft sie selbst an und erzählt es ihm. Vom Aufwachen mit klarem Kopf, aber dennoch einem Gefühl, beduselt zu sein. Von den motorisch einwandfreien Fähigkeiten bei ihrer Heimkehr nach der Landammannfeier, vom weggetretenen Eindruck, den sie auf ihren Mann gemacht habe. Dass sie ihre Linsen entfernte, nicht aber das Make-up, das deshalb verschmiert gewesen sei. Vom verkehrt getragenen Slip. Den Unterleibsschmerzen. Und die Medien rapportierten eifrig, als wären diese Beobachtungen wichtige Beweise dafür, dass K.-o.-Tropfen im Spiel gewesen sein müssen.

Auch bei Spiess-Hegglin muss es in diesen Tagen chaotisch zu- und hergegangen sein. Später wird sie in der WOZ davon berichten. Im entsprechenden Artikel heisst es: «Bis Silvester tauchte sie ab. Als sie die Aussenwelt wieder an sich heranliess, schlug ihr eine geballte Ladung Hass entgegen. In Mails, SMS, anonymen Hassbriefen und in den Online-Kommentarspalten der Newswebsites wurde sie als ‹Hure› und ‹Lügnerin› beschimpft. In jenem Moment hatte Spiess-Hegglin den Eindruck, dass Hunderte von Menschen gegen sie seien», schreibt die Wochenzeitung. Heute wisse Spiess-Hegglin aber, dass es auch damals schon Zuspruch gegeben habe. Dieser sei bloss in der ersten Hasslawine untergegangen.

Etwa zur selben Zeit besinnt sich Jolanda Spiess-Hegglin auf ihr eigenes Kommunikationsmedium. Per Facebook wendet sie sich am 28. Dezember an ihr Publikum, um «einige Punkte aus erster Hand zu klären». «Ich habe am Samstagabend mit niemandem willentlich und/oder wissentlich sexuelle Handlungen vorgenommen», schreibt sie. Und wieder, dass sie am Sonntag mit klarem Kopf erwacht sei, keinen Kater gehabt habe. Die sozialen Medien erlauben es ihr, sich direkt an die Öffentlichkeit zu wenden und sich zu erklären. Doch diese nicht von Gatekeepern regulierte Öffentlichkeit hat einen Preis, vor allem bei einem Skandal, der die moralischen Instinkte der Bevölkerung ohnehin aufs Äusserste reizt. In den sozialen Medien kann sich jeder ungehemmt von etwaigen Geboten des zivilen Umgangs darüber auslassen, wie doof, wie grusig, wie irr er die ganze Geschichte findet. Und genau das geschieht auch. «Das war tatsächlich sehr unappetitlich», sagt Gaudenz Looser heute. «Ganz egal, was passiert ist, ob das freiwillig geschah, sie einfach betrunken war oder ob beide unter Drogen waren.» Ob sie am Abend der Landammannfeier zum Opfer wurde, ist unklar. Dass sie es in den sozialen Medien war, ist unbestritten.

Eine Woche nachdem Hürlimann eine Nacht in Haft verbracht hatte erscheint am Dienstag, dem 30. Dezember, in der Basler Zeitung ein Artikel mit dem Titel: «Sex im Spekulationsraum der Schweizer Medien». Nach einer Zusammenfassung der gesicherten Erkenntnisse kommt der Autor zum Schluss:

«Teile der Presse und des Publikums sind bemüht, die Angelegenheit ins Seichte und Lächerliche zu ziehen. Sollte sich der Vorfall tatsächlich als sexueller Übergriff erweisen, dann sind Begriffe wie ‹K.-o.-Tropfen-Gate›, ‹Affäre› und ‹Techtelmechtel›, die eher an einen Schwank gemahnen, deplatziert.» Die Unschuldsvermutung gelte nicht nur für Hürlimann, sondern auch für Spiess-Hegglin, schreibt der Autor weiter. Und: «Solange die Details nicht bekannt sind, ist bei derlei Interpretationen Vorsicht angezeigt. Auch wenn ältere Männer vermeinen, die Zeichen dieser ‹Affäre› schon verstanden zu haben.»

Die Basler Zeitung stellt richtig die Frage nach der Unschuldsvermutung – und rührt damit an eine ungelöste medienethische Frage. Man kann nicht über gravierende Vorwürfe berichten, ohne die Unschuldsvermutung zumindest zu tangieren – da nützt auch die Floskel «es gilt die Unschuldsvermutung» wenig. Noch heikler ist die Sache, wenn es um ein mutmassliches Sexualdelikt geht. Den Vorwürfen eines mutmasslichen Opfers nicht zu glauben, verbietet sich, heute noch viel mehr als damals. Gleichzeitig gilt die Unschuldsvermutung natürlich auch für den Angeschuldigten.

Die Basler Zeitung lanciert mit ihrer Analyse dieses Motiv, und Jolanda Spiess-Hegglin wird es die kommenden Jahre in allen Tonlagen variieren. Nämlich dass man ein mutmassliches Opfer eines Sexualdelikts nicht infrage stellt, schon gar nicht ältere Männer, aber auch Frauen nicht, von denen sie Solidarität erwartet. Selbst wenn alles einvernehmlich ausgesehen haben mag, so die Überlegung, kann letztlich niemand wissen, ob es nicht doch zu einem Übergriff gekommen ist. Ob die Frau nicht doch im allerletzten Moment ein «Nein» gehaucht, signalisiert und es auch so gemeint hat. Richtig ist, dass Opfer von mutmasslichen Missbrauchs- und Sexualdelikten grundsätzlich geschützt werden müssen. Auf der anderen Seite muss es möglich sein, nach den Fakten zu fragen – vor allem dann, wenn es berechtigte Zweifel gibt, ob der behauptete Übergriff tatsächlich so stattgefunden hat.

Am 5. Januar kommt das Resultat der Blutuntersuchung. Es konnten keine narkotisierend wirkende Stoffe wie GHB oder andere Betäubungsmittel nachgewiesen werden. Seit die Affäre öffentlich geworden ist, ist das die erste belastbare Information, eine Insel im Meer von Spekulationen. Kaum ein Medium im ganzen Land, das mittlerweile nicht berichtet hätte, sogar in der rätoromanischen Schweiz. Der Druck auf die beiden Kantonsräte ist gigantisch, entsprechend geben beide Parteien zu diesem Resultat öffentliche Stellungnahmen ab.

Hürlimann lässt sich über Anwalt Dormann gegenüber Zentralplus vernehmen. Er sei zuversichtlich, dass sich die Vorwürfe gegen ihn rasch klären würden. Er erinnert an die Unschuldsvermutung, bemängelt die Vorverurteilung und betont noch einmal, dass es sich lediglich um eine Voruntersuchung handle. Er bemüht sich auch um Richtigstellung zahlreicher Falschmeldungen. Er habe nie einem Journalisten gesagt, zwischen ihm und Spiess-Hegglin sei es zu Sex gekommen. Vielmehr hätten die einvernommenen Zeugen eine freiwillige Annäherung unter Alkoholeinfluss zwischen ihm und der Kantonsrätin wahrgenommen. Laut diesen Zeugen hätten sie sich einvernehmlich geküsst, an den Rest könne er sich nur bruchstückhaft erinnern. Er wünsche eine rasche Klärung und bedaure die negativen Auswirkungen des Ganzen. Auch auf Jolanda Spiess-Hegglin.

Diese lässt ihren Sprecher Patrick Senn mitteilen, ein negativer Befund der Blutprobe bedeute nichts anderes, als dass keine Substanzen nachgewiesen werden konnten. Was nicht bedeuten muss, dass keine zum Einsatz gekommen sind. Stoffe wie GHB sind nämlich nur kurze Zeit in Blut und Urin nachweisbar.

Bis man ihr aber im Spital Blut entnommen hat, sind ab dem Zeitpunkt ihres angeblichen Filmrisses an die 19 Stunden verstrichen. Ein weiterer Skandal, den es ihrer Meinung nach aufzuarbeiten gelte. Jolanda Spiess-Hegglin ist sich ihrer Sache ganz sicher und sagt das auch so TeleZüri: «Was ich gespürt habe, ist eindeutig.» Sie bekräftigt ihre Überzeugung, dass «Substanzen im Spiel gewesen sein müssen».

Spiess-Hegglins Sprecher Patrick Senn bemüht sich derweil gegenüber Zentralplus um Schadensbegrenzung. Er betont, Spiess-Hegglin beschuldige Hürlimann nicht, habe ihn nie beschuldigt. Aber das ist nur zur Hälfte richtig. Tatsächlich hat sie nie explizit behauptet, Hürlimann habe ihr K.-o.-Tropfen ins Glas geschüttet. Aber schon im Untersuchungsprotokoll des Spitals hat Spiess-Hegglin Hürlimann und den zweiten Mann ausdrücklich als mögliche Täter für das vermutete Delikt genannt. Am Montag folgte ihre Privatklage. Darin ist unter «Beschreibung des Vorfalls» notiert: Sexualdelikt/Schändung. Beschuldigte Person ist Markus Hürlimann. Und Jolanda Spiess-Hegglin macht in zwei Kästchen ein Kreuz: Sie will sich sowohl im Straf- wie auch im Zivilverfahren als Klägerin beteiligen.

Spiess-Hegglin lässt die Medien auch wissen, noch sei nichts entschieden. Es wurde bei ihr nämlich auch eine Haarprobe entnommen, deren Resultat erst in einem Monat zu erwarten ist. Gleichzeitig räumt sie bereits jetzt ein, sich nicht allzu viel davon zu erhoffen. Auch bei einem negativen Resultat, sagt sie 20 Minuten, sei sie «überzeugt, dass mir eine Substanz verabreicht worden ist. Meine Geschichte zeigt, dass in solchen Fällen wie meinem zunächst einmal die Frau als Täterin hingestellt wird, die einen Mann schlechtmachen will. Das ist sexistisch, das geht einfach nicht. Man muss Frauen den Mut machen, sich bei Verdachtsfällen zu melden.» Sie wolle sich fortan dem Kampf für die Sache der Frau verschreiben, dafür wolle sie politisch kämpfen. «So, wie mit mir umgegangen wurde, geht man mit uns Frauen einfach nicht um», verkündet sie in 20 Minuten. «Das bin ich allen Frauen einfach schuldig.» Damit hat sie recht. Unter der Voraussetzung, dass der Vorwurf auch zutrifft. Aber was, wenn das nicht der Fall ist?

Jolanda Spiess-Hegglin hat ihr Thema gefunden, sie wird es nicht mehr loslassen. Wobei es eigentlich zwei Themen sind: Das erste betrifft die Subjektivität. Entscheidend ist nicht, wie es wirklich war, sondern was sie gespürt hat. Und sie wird dabei bleiben, selbst wenn objektivierbare Tatsachen fehlen. Es ist die verzwickte Ausgangslage bei den meisten Sexualdelikten: Zeugen gibt es selten, es steht Aussage gegen Aussage. Doch subjektive Wahrnehmungen ein und derselben Situation können gegensätzlich sein. Was bleibt, sind Versuche, sich der Wirklichkeit zu nähern, mühsame Indizienbeweise zu erbringen und noch genauer zu fragen: Wie waren die Umstände? Wer hat was ausgesagt? Was ist aus welchen Gründen plausibel und was nicht? Welche Indizien deuten auf welche Version hin und sind sie objektivierbar oder bleiben sie im Unschärfebereich einer geschilderten subjektiven Empfindung? Wer ändert seine Geschichte und wer bleibt dabei?

Das zweite Thema ist die Sache der Frau. Nicht nur Jolanda Spiess-Hegglin allein hat gelitten, sie hat für alle Frauen gelitten. Tatsächlich ist sexuelle Gewalt gegen Frauen weltweit epidemisch und es ist auch keine Erfindung, dass Frauen mit K.-o.-Tropfen sediert werden, weil jemand sich an ihnen vergehen will. Das gibt Spiess-Hegglin ein starkes moralisches Motiv, das sie auf ihre Mühlen zu leiten versteht. Sie macht ihre Geschichte zur Geschichte jeder unglücklichen Frau, die Opfer eines Sexualdelikts wurde und der man nicht geglaubt hat. Sie leidet für alle. Und sie wird sich nicht unterkriegen lassen. Als Kämpferin für die Sache der Frau tritt die Möglichkeit in den

Hintergrund, dass eventuell jemand falsch verdächtigt wird. Und sie wird mit aller Vehemenz an dieser Rolle festhalten. Es ist ein starkes Narrativ, und es wird in den kommenden Jahren eine gewaltige Sogwirkung entfalten.

Phase 2: Stadtgespräch

Anfang Januar sind in Zug alle aus den Weihnachtsferien zurück und im Bus, in Restaurants, Büros und Bars gibt es nur ein Thema: der Skandal an der Landammannfeier, so erinnert sich Markus' Schwester Helen Hürlimann heute. Sie arbeitet in Zug und hat ihr Büro mitten in der Stadt. Wenn sie sich draussen bewegt, spürt sie überall neugierige Blicke, im Café, auf der Strasse, im Bus und im Coop. Helen Hürlimann ist eine lebenslustige und gesellige Frau mit einem freundlichen Gesicht und einer weichen Stimme. Sie wirkt bodenständig und so, als könnte sie nichts so schnell umhauen. Doch damals machte sie sich Sorgen, vor allem um den Bruder. «Ich dachte immer, wenn mir als Schwester die Reaktionen der Leute schon so unter die Haut gehen, was muss erst Markus erleben?» Manchmal habe sie sich gefragt, ob er sich etwas antun könnte. Doch es gibt immer noch die wöchentlichen Zusammenkünfte der Familie Hürlimann. Dort trifft sie ihren Bruder und die Schwestern, jeder erzählt, wer was erlebt hat, es wird diskutiert. Das gibt ihnen allen Halt. Und noch etwas anderes: «Es war Markus' Glück, dass man Spiess-Hegglin in Zug nicht ernst nahm. Wenigstens das», sagt Schwester Helen. Dennoch muss es eine höchst unangenehme Situation gewesen sein. Auch aus den sozialen Medien erreichen Helen plötzlich Facebook-Anfragen von Fremden, bei manchen hat sie den Verdacht, dass es Fake-Profile sind. Helen wird vorsichtiger, auch ausserhalb der sozialen Medien. Bei jeder zufälligen Begegnung mit Freunden oder Bekannten beginnt sie sich zu fragen, wem sie noch trauen kann und wem nicht.

Am 5. Januar liegt die Landammannfeier zwei Wochen zurück. Markus Hürlimann kommt es vor wie ein halbes Leben. Nun heisst es für ihn: zurück ins Büro. Er weiss: Jeder der 750 Mitarbeiter seiner Arbeitgeberin hat die Blick-Saga gelesen, die nunmehr seit zwei Wochen läuft, und jeder will wissen, wer dieser Markus Hürlimann, der SVPler und mutmassliche Schänder ist. Es gibt kein Entkommen. Überall folgen ihm Blicke, im Gang, in der Kantine, im Büro. «Jeder kennt dich, jeder weiss, du bist SVP. Und du hast keine Ahnung, wer dir gut und wer dir schlecht gesinnt ist», sagt er.

Sein Chef ist noch in Australien in den Ferien, also muss Hürlimann das Team leiten. Es ist ein harziger Start, denn alle begegnen ihm sehr betreten. Aber bald stellt sich im Büro so etwas wie Normalität ein in diesen ganzen Wirren. Und Hürlimann merkt, dass ihm das gut tut. Er ist froh, hat er überhaupt noch seinen Job, denn selbstverständlich, das wird ihm bewusst, ist das nicht. Es wäre ein leichtes, ihm anzulasten, er störe den Betrieb. Doch würde er freigestellt, wäre die Katastrophe perfekt: Welcher Arbeitgeber würde ihn in dieser Situation anstellen? Im Büro warnt man ihn: Wenn das noch lange so weiter geht in der Presse, könnte es Probleme geben. Also hält Markus Hürlimann still und achtet darauf, dass die nun anlaufende Strafuntersuchung nicht mit seinem Job interferiert. Für die Einvernahmen, die bis März andauern, bezieht er Ferientage. Er fehlt keinen einzigen Tag auf der Arbeit, auch nicht wegen Krankheit.

Anfang Januar glaubt Hürlimann noch immer an ein baldiges Ende der Untersuchung. Mittlerweile stellt die Staatsanwaltschaft eine Einstellung des Verfahrens auf etwa Ende Januar in Aussicht, so erinnert sich Hürlimann, man will noch weitere Zeugen einvernehmen. Ebenfalls zuversichtlich stimmt ihn die Zusicherung seiner Kollegen in der Parteiführung, sie betrachteten das Ganze als die Privatangelegenheit ihres Präsidenten.

Markus Dormann, der Anwalt Hürlimanns, versucht derweil, mehr über Spiess-Hegglins genaue Vorwürfe und den Verlauf der Ermittlungen zu erfahren. Er verlangt von der Staatsanwaltschaft den Spitalbericht. Er verlangt auch die Videoaufzeichnung ihrer Aussage vom 22. Dezember bei der Polizei. Doch die Staatsanwaltschaft lehnt ab. So wissen Hürlimann und Dormann nicht, dass die Sache mit den Unterleibsverletzungen nicht zutrifft. Also halten sie still und warten ab.

Hürlimann hatte gehofft, die Blutuntersuchung würde Klarheit schaffen. Doch das Gegenteil ist der Fall. Nun geht das Spekulieren in den Medien erst richtig los. Jolanda Spiess-Hegglin sucht ihr Heil in der kommunikativen Offensive. Da manche Stimmen in den Medien argwöhnen, ihr K.-o.-Tropfen-Verdacht solle einen mutmasslichen Ehebruch kaschieren, bleibt ihr nur ein Weg, glaubt sie. Sie will beweisen, dass es zu Geschlechtsverkehr gekommen ist – dass sie mit ihrem K.-o.-Tropfen-Verdacht also Recht hat, dass sie missbraucht worden, unschuldig ist.

Die Medien greifen jeden Informationshappen auf, den sie ihnen in den Rachen wirft, und kauen sie einzeln durch. Spiess-Hegglin erzählt dem Tages-Anzeiger, Hürlimann habe ihr gegenüber Geschlechtsverkehr zugegeben. Worauf der Blick am 6. Januar titelt: «Küsse und Schnaps – aber kein Sex?» Im Interview mit dem Tages-Anzeiger vom gleichen Datum betont Spiess-Hegglin die politische Dimension: «Als politisch denkende Person habe ich das Bedürfnis zu sagen: Leute, so etwas kann man mit uns Frauen nicht machen! Man darf nicht einfach eine Frau mit einer Substanz betäuben, missbrauchen und anschliessend ihr die Schuld geben.» Man habe sie vom Opfer zur Täterin gestempelt. Aber sie mache auf jeden Fall weiter. «Ich lasse mich als Opfer eines Verbrechens nicht auch noch politisch fertig machen.»

In der ersten Januarwoche ist auch das Restaurant Schiff zum ersten Mal seit Bekanntwerden der Affäre wieder geöffnet. Das Geschäft läuft bombig, es scheint, als wollte sich halb Zug selbst ein Bild machen vom mutmasslichen Ort des Geschehens.

Die beliebteste öffentliche Arena für politische Auseinandersetzungen in Zug sind die Leserbriefseiten der lokalen Zeitung. Dort fahren sich die politischen Kontrahenten an den Karren, bekunden Bürger ihre Ansicht zu politischen und gesellschaftlichen Tagesthemen. In den Leserbriefspalten ist die Meinung Anfang Januar weitgehend gemacht: Kaum jemand kauft die K.-o.-Tropfen-Story, aber dass zwei gewählte Kantonsräte sich in aller Öffentlichkeit so gehen lassen, wird in der Kleinstadt als hochnotpeinlich empfunden. So etwas tut man einfach nicht, die beiden sollten sich schämen, heisst es immer wieder in öffentlichen Kommentaren.

In den Leserbriefen zeigt sich das Misstrauen gegenüber Spiess-Hegglins K.-o.-Tropfen-Verdacht besonders deutlich. Ist diese Skepsis nur sexistisch motiviert, wie es heute heisst? Ein Gegenbeispiel liefert etwa folgender Leserbrief in der Zuger Zeitung. Die Ehefrau des mit Spiess-Hegglin verfeindeten Journalisten Charly Keiser beschreibt ein Erlebnis im Ausgang in Zug, bei dem ebenfalls K.-o.-Tropfen im Spiel gewesen sein sollen. Sie beschreibt, wie sie, ihr Mann und eine Bekannte nach dem Genuss von «Shots» von einem Moment auf den nächsten vollkommen ausser Gefecht gesetzt gewesen seien. Nur der Sohn, der ebenfalls dabei war, sei glücklicherweise verschont geblieben. Sie schreibt, wie sie sich an das, was nach dem Konsum der Shots passierte, nur mehr in «Fetzen» erinnern könne. Wie der Sohn ihren Mann und sie in ein Taxi befördert habe: «Anscheinend haben Helfer beherzt zupacken müssen, die massiven Druckstellen an meinen Oberarmen waren lange sichtbar.» Nach dieser Episode seien sie und ihr Gatte gegen

Mittag erwacht und hätten sich schlechter gefühlt als mit dem übelsten Kater, den sie je erlebt hätten. Erst spät abends seien sie wieder in der Lage gewesen, etwas zu trinken und leichte Nahrung zu sich zu nehmen. Tagelang habe es gedauert, bis sie sich davon erholt hätten. Sie schliesst ihren Bericht: «Ob Jolanda Spiess-Hegglin K.-o.-Tropfen hatte, weiss ich nicht. Ob ich welche hatte, weiss ich nicht hundertprozentig, weil ich mich nicht testen liess. Aber eines weiss ich jetzt: Wenn Jolanda Spiess-Hegglin und ich K.-o.-Tropfen hatten, dann waren es nicht die gleichen.»

So ernst die Angelegenheit für die Betroffenen ist, sorgt die Affäre beim breiteren Publikum vor allem für Belustigung. Am Neujahrs-Apéro der Nidwaldner Justiz warnt der Obergerichtspräsident, man solle aufpassen, an diesem Abend nicht Opfer von K.-o.-Tropfen zu werden – und erntet dafür schallendes Gelächter. Das erzürnt eine Leserin der Zuger Zeitung: «Ich finde es geschmacklos und eigentlich auch verwunderlich, dass ausgerechnet der höchste Richter des Kantons die Gäste mit einem Lacher auf Kosten einer Frau in einer laufenden Untersuchung auf seine Seite ziehen musste. Für mich ist das Amt eines Richters eine ehrenvolle Aufgabe mit hohen moralischen Grundsätzen und einer grossen Sensibilität, auch in Bezug auf unterhaltende Aussagen. Der Gewählte ist weder Komiker noch Prediger.»

Es erscheinen nun auch erste Leserbriefe mit Rücktrittsforderungen an die Adresse der beiden Politiker. «Anstand und Ehre dürften im pekuniären Zeitalter obsolet geworden sein», philosophiert ein gewisser Werner Wanner aus Cham.

Am 8. Januar, zwei Wochen nachdem die Blick-Story auf der Frontseite gelandet ist, reflektiert das Portal Zentralplus seine Rolle im Skandal und hält fest: «Aufgrund der publizierten Informationen ist davon auszugehen, dass das Boulevardblatt von derselben Quelle bedient wurde. Und aus einem möglichen Kriminalfall den ‹Zuger Sexskandal› machte. […] Als die Informationen an uns herangetragen wurden, musste auch ‹Zentralplus› sich der Frage stellen, wie damit umzugehen ist. Aus unserer Sicht ist das öffentliche Interesse gegeben, wenn eine Kantonsrätin am Rande eines wichtigen politischen Ereignisses mutmasslich mit K.-o.-Tropfen schachmatt gelegt wird und die Behörden zu einem Sexualdelikt ermitteln. […] Fragt man uns hingegen, ob wir die Geschichte vor diesem Hintergrund noch einmal publizieren würden, bleibt uns nur eine Antwort: Ja.»

Ebenfalls am 8. Januar erscheint in der Weltwoche die erste Recherche des Journalisten Philipp Gut zum Fall. Er hat mit Zeugen gesprochen und hatte offensichtlich Einsicht in gewisse Akten. «Eine Zeugin berichtet, dass sie sich öffentlich geküsst hätten. Ein anderer Zeuge hat die Kleidung der beiden gefunden, während sie in den oberen Etagen des Restaurants ‹Schiff› – in der sogenannten ‹Captain's Lounge› – offenbar intim miteinander verkehrten. […] Niemand ging davon aus, dass es sich nicht um eine freiwillige Verbindung handelte.» Dazu weiss die Weltwoche erstmals neue Details zu berichten. Dass Hürlimann über einen Tisch gestürzt zu sein glaubt. Tatsächlich stützen diese Erinnerung auch Befunde des Barpersonals in der Captain's Lounge, das beim Aufräumen nach der nächtlichen Party einen verbogenen Tisch vorfindet. Ebenso wird bekannt, dass Hürlimann und Spiess-Hegglin nach ihrem Vorfall in der Captain's Lounge ein Taxi genommen haben und zuerst zu ihr, dann zu ihm gefahren sind.

Gut weiss nicht, wer die beiden im Taxi nach Hause gefahren hat. Für die Recherche dieses Buches konnte auf einen Tipp hin ein Taxifahrer eruiert werden, der als Fahrer der betreffenden Nacht in Frage kommt. Es handelte sich dabei nicht um denjenigen, den die Polizei später einvernahm und der mittlerweile verstorben ist. Noch heute arbeitet der mutmassliche Fahrer aus jener Nacht am Taxistand des Zuger Bahnhofs. Kollegen von ihm berichteten im Nachgang der Affäre, er habe damals herumerzählt, Spiess-Hegglin habe auf der Heimfahrt gut gelaunt gewirkt. Verifizieren lassen sich diese Aussagen nicht. Bei einem Besuch am Taxistand des Zuger Bahnhofs kurbelte der betreffende Fahrer beim Namen Spiess-Hegglin wortlos die Scheibe seines Mercedes hoch und fuhr weg.

Philipp Gut berichtete in seinem Artikel vom 8. Januar auch, Spiess-Hegglin habe angegeben, in der Captain's Lounge sei ein weiterer Mann zugegen gewesen, ebenfalls Kantonsrat, der nun befragt werde. Gut hält fest: «Nichts deutet darauf hin, dass hier eine Straftat stattgefunden hat. Die schweren Anwürfe, die vom ‹Blick› verbreitete, massiv rufschädigende Behauptung einer Schändung, sind höchstwahrscheinlich gegenstandslos.»

Leider kann es sich Philipp Gut nicht verkneifen, der Story einen politischen Dreh zu geben. Er stellt die Frage nach dem Informanten und betont, Zentralplus werde von linken Kreisen finanziert. Er insinuiert ein politisches Motiv beim «Making of» des Skandals, vermutet, die Information müsse aus Spiess-Hegglins Umfeld geleakt sein mit der Idee, einen SVPler fertig zu machen. Belege legt er dafür keine vor. Christian Hug, CEO von Zentralplus, bestreitet diese Vorwürfe heute entschieden: «Das ist eine haltlose Verschwörungstheorie. Jolanda Spiess-Hegglin hat alles dafür getan und verschiedentlich interveniert im Versuch, die Geschichte zu verhindern. Sie hält uns auch bis heute vor, dass wir es waren, die die Geschichte öffentlich gemacht haben.»

Im August 2016 wird Spiess-Hegglin der WOZ erzählen, was der Weltwoche-Artikel in ihr auslöste. In der WOZ heisst es: «Als in der zweiten Januarwoche 2015 in der ‹Weltwoche› ein tendenziöser Artikel erschien, der Spiess-Hegglin ein ‹Opfertheater› unterstellte und ihre Glaubwürdigkeit in Zweifel zog, brach sie zusammen. Sie verlor in jenen Wochen zehn Kilogramm an Gewicht, schlief häufig schlecht und musste sich psychologisch behandeln lassen.» Ihren Gewichtsverlust, ihre medikamentöse und psychologische Behandlung wird sie in der Folge wiederholt thematisieren.

Was die Sachebene betrifft, ist der Artikel in der Weltwoche der bislang detaillierteste Bericht zur Affäre. Aber er hat für Hürlimann ernste Konsequenzen. Die Staatsanwaltschaft reagiert ungnädig auf die offenbar geleakten Informationen aus der Strafuntersuchung, für die nur Hürlimann infrage zu kommen scheint. Dennoch kassiert auch Spiess-Hegglin eine Rüge. Beide Parteien würden vollkommen unzuverlässig mit vertraulichen Informationen aus einer laufenden Untersuchung umgehen, schreibt Staatsanwältin Martina Weber an beide. Künftig werde ihnen kein Zugang mehr zu den Akten gewährt. In der Folge wird in der Öffentlichkeit deshalb zunehmend spekuliert.

In den sozialen Medien interessiert ohnehin nicht primär der Sachverhalt, was zählt sind die jeweiligen Meinungen. Erbittert wird um Deutung gekämpft: Team Jolanda gegen Team Hürlimann, links gegen rechts, Opfer gegen Täter, Frau gegen Mann. Hürlimann liest mit, aber hält sich raus. Spiess-Hegglin mischt sich ein. Sie kämpft unermüdlich gegen Wellen von Verunglimpfungen und Spekulationen zu ihren Ungunsten an. Nicht ohne selbst kräftig mitzuspekulieren.

Der Weltwoche-Artikel hätte Hürlimanns Befreiungsschlag werden sollen, aber er verfehlt die erhoffte klärende Wirkung. Andere Journalisten sind skeptisch, weil die Recherche in der Weltwoche erscheint. Man hütet sich, die entlastenden Indizien zu Ungunsten des vorgeblichen Opfers zu deuten: die Einvernehmlichkeit der beiden Protagonisten im Verlauf der Feier, der gemeinsame Alkoholkonsum vor dem angeblichen Filmriss, das Küssen im Restaurant Schiff, das gemäss Zeugen einvernehmlich gewesen sei. Das ist viel zu heikel, als dass man es ungeprüft übernehmen könnte. Es geht um ein Sexualdelikt und es geht um die Sache der Frau. Da kann man nicht vorsichtig genug sein. Lieber wartet man ab und widmet sich stattdessen den politischen Implikationen des Ganzen. Die Berichterstattung richtet sich nun auf die Politik: Wie reagieren die Parteien? Wie der Zuger Kantonsrat? 20 Minuten und Blick schlachten die neuen pikanten Details aus der Weltwoche aus: die gemeinsame Taxifahrt. Und vor allem der zweite Mann.

Was war eigentlich mit diesem passiert, nachdem er dem Zugriff der Zuger Behörden durch den Transitraum des Flughafens nach Grand Canaria entschwebt war? Dazu ist den Verfahrensakten zum Fall Hürlimann nichts zu entnehmen. Dies hat einen einfachen Grund: Gegen den zweiten Mann wurde in aller Verschwiegenheit ein separates Verfahren eröffnet, das bereits im Juni 2015 eingestellt wurde. Laut Einstellungsverfügung hatte der Beschuldigte zum fraglichen Zeitpunkt im Restaurant mit der Obergerichtspräsidentin getanzt und war gar nie in der Captain's Lounge gewesen. Die Richterin bestätigte seine Angaben, die Staatsanwaltschaft schenkte diesem Alibi Glauben. Von den Intimitäten, die sich zwei Stockwerke weiter oben zwischen den beiden Kantonsräten entwickelten, soll der zweite Mann gar nichts mitbekommen haben. Es sei schwierig bis unmöglich, den Beweis zu erbringen, dass der zweite Mann irgendetwas mit der Sache zu tun gehabt habe, hält die Einstellungsverfügung fest. Allerdings ist auch nicht vollkommen ausgeschlossen, dass er sich bei einem Gang zur Toilette nicht selbst ein Bild machen wollte, was in der Captain's Lounge vor sich ging.

Die SVP gegen Hürlimann

Auch in der SVP Zug folgt dem anfänglichen Schock über die öffentlich verhandelten Ereignisse an der Landammannfeier eine Phase der Orientierung: Wie ist das Ereignis zu interpretieren? Und: Wer kann es sich wie zu Nutze machen? In Zug ist die politische Szene sehr überschaubar, jeder hat direkt oder indirekt mitbekommen, was sich an diesem Abend VOR dem vermuteten Übergriff zugetragen hat. Je nachdem reagiert man mit Belustigung, Scham oder Entsetzen. In den Parteikadern ist man nicht sonderlich erfreut, wie sich der eigene Präsident zum Narren gemacht hat. Dort beginnt sich eine Front zusammenzubrauen, die den in den Ausstand getretenen Parteipräsidenten wegblasen möchte.

Die Affäre hat aufgrund des K.-o.-Tropfen-Verdachts ein Ausmass von Öffentlichkeit erreicht, das die Partei unter Druck setzt. So oder so hätte Hürlimanns Verhalten intern für Kritik gesorgt. Es wird als skandalös empfunden: Da tappt ein verheirateter SVPler und frisch gewählter Kantonsrat in die erstbeste Venusfalle und geht während einer öffentlichen Feier vor aller Augen mit dem Klassenfeind fremd, so die Wahrnehmung der Leute. Natürlich kann er nichts dafür, dass dies nun das ganze Land weiss, und sollte er es nicht getan haben, ist der K.-o.-Tropfen-Verdacht natürlich ungerecht. Das ändert aber nichts an dem, was sich zugetragen hat, und deshalb soll der Präsident nun nach dem Wunsch einiger Parteikollegen Verantwortung übernehmen: Zurücktreten, besser heute als morgen, um der Partei nicht noch weiter zu schaden, lautet das Motto.

Spiess-Hegglin steht vor einer ähnlichen Situation. Auch sie erntet Kritik aus den eigenen Reihen, vor allem auch dafür, dass sie nicht müde wird, Journalisten mit Informationen zu beliefern. Aber ihre Partei hält zu ihr – noch.

Am Donnerstag, den 8. Januar, dem Tag des Weltwoche-Artikels, findet der Neujahrsapéro der SVP Zug im Restaurant Heuboden in Holzhäusern statt. Als Redner ist der Berner SVP-Nationalrat Andreas Aebi eingeladen. Wiederum ist auch Journalist Charly Keiser mit von der Partie. Ihm ist zugetragen worden, einige SVP-Kantonsräte forderten nun Hürlimanns Rücktritt. Und so erkundigt er sich im Verlauf des Apéros bei allen Anwesenden oder zumindest bei den wichtigen, was sie von Hürlimann halten, ob sie finden, er müsse zurücktreten oder nicht. Einigen Parteimitgliedern, vorab aus der Stadt Zug und der Gemeinde Walchwil, kann es nicht schnell genug gehen, sich von ihrem Präsidenten zu trennen. Auch Helen Hürlimann und ihre Schwestern sind zum Parteitreffen ins Restaurant Heuboden gekommen. Und sind bass erstaunt ob der Reaktionen, die sie hier erleben. Manche Besucher weichen ihnen aus, lassen die Schwestern absichtlich allein am Tisch sitzen. Aber nicht alle gehen auf Distanz. Vereinzelte Parteimitglieder tun das Gegenteil, kommen auf sie zu, erkundigen sich nach ihrem Bruder, dem gestrauchelten Parteipräsidenten, und sagen, es sei eine verdammte Schweinerei, was da mit ihm passiere.

Charly Keisers Artikel erscheint am Samstag in der Zuger Zeitung und lanciert den Angriff auf Hürlimann aus den eigenen Reihen. Titel: «Parteikollegen fordern seinen Rücktritt». In den Gesprächen des Abends im Restaurant Heuboden habe sich eine klare Meinung abgezeichnet: «Markus Hürlimann soll als Kantonsrat zurücktreten. Und zwar besser heute als erst morgen», lässt sich der frisch inaugurierte Kantonsratspräsident Moritz Schmid zitieren. Heute auf sein Statement angesprochen, sagt Schmid, damals sei ihm das richtig erschienen. Denn natürlich habe er sich über die Affäre geärgert, die den

Start in sein neues Amt überschattete. Auch er hatte seinen Parteipräsidenten und die Alternative/Grüne an der Landammannfeier gesehen, auch er hatte sie angesprochen deswegen, erzählt er später.

Damals sei er der Meinung gewesen, die beiden müssten die Konsequenzen ziehen für den Skandal. Aus heutiger Sicht, da Hürlimanns Unschuld erstellt sei, würde er seinen Rücktritt nicht mehr fordern, sagt Schmid. «Damals rief ein Journalist an und verlangte ein Zitat, ob ich für oder gegen Rücktritt bin. Ich habe mich für Ja entschieden.»

Damit ist Schmid nicht allein. Sein Zuger Fraktionskollege Philip C. Brunner sagte dem Journalisten Charly Keiser: «Es wäre […] konstruktiv und würde allen helfen, wenn er als Kantonsrat zurücktreten würde.» SVP-Ratsmitglied Walter Birrer aus Cham lobt Hürlimann zwar für seine Arbeit als SVP-Präsident und räumt ein, die Vorwürfe gegen ihn seien reiner Rufmord. Trotzdem fordert auch er seinen Rücktritt. Das Manöver ist ein Schlag der Sektion Zug gegen den Parteikollegen aus der Sektion Baar. Und wie reagiert die? Sie hält sich bedeckt, spielt auf Zeit. Es gebe wichtigere Themen, wiegelt ein Medienverantwortlicher gegenüber Zentralplus ab. Es laufe schliesslich erst eine Voruntersuchung, er sehe momentan keinen Handlungsbedarf. Thomas Aeschi erinnert sich heute: «Dass sich in der Partei so eine harte Front gegen Hürlimann auftat, hat mich damals überrascht. Auch wie sehr es die Leute emotional berührte und wie sehr sich vor allem die Gegner ins Zeug warfen. Es gab sowohl im konservativen und wie auch im liberalen Flügel der Partei feurige Unterstützer und feurige Gegner.» Auch in den Leserbriefspalten finden sich zaghafte Verteidigungen von Markus Hürlimann, aber die meisten hoffen, die Affäre möge bald ausgestanden sein. Hürlimann hält sich derweil immer noch zurück. Von der Zuger Zeitung um einen Kommentar gebeten, sagte er damals: «Ich weiss genau, wie ich zu gegebener Zeit kommunizieren werde. Doch die Zeit dazu ist noch nicht reif.»

Das Stadtzuger SVP-Mitglied Willi Vollenweider sieht die Werte seiner Partei beschmutzt. Zwei Tage vor der Landammannfeier habe Hürlimann bei seiner Vereidigung als Kantonsrat das Gelübde abgegeben, Verfassung, Gesetz und Ehre des Kantons zu würdigen, wie er es vor Gott verantworten könne. Nur um gleich darauf «seinen Sex- und Alkoholtrieben öffentlich freien Lauf» zu lassen. Dass ihm im «Vollbesäufnis» die Anstandsregeln abhanden gekommen seien, könne er ja noch nachvollziehen, schreibt Vollenweider. «Dass aber die Kantonalpartei es bisher nicht für nötig gefunden hat, sich bei der die Feier veranstaltenden Stadt Zug in aller Form für das eklatante und unbestrittene Fehlverhalten ihres Parteipräsidenten zu entschuldigen, finde ich persönlich weit jenseits meiner Vorstellungen von ‹Anstand›.» Die SVP, so mahnt Vollenweider, müsse dringend wieder auf den «Pfad der Tugend» zurückfinden, denn wo SVP drauf stehe, da müsse für ihn auch SVP drin sein.

Eine weitere Woche zieht ins Land, doch die Affäre kommt nicht zur Ruhe. Am 14. Januar findet die erste Parteileitungssitzung der SVP Zug statt. Mit dabei sind unter anderem Aeschi und Brandenberg. Hürlimann hat sich in den drei Wochen seit der Landammannfeier etwas gefangen. Nun bekommt er hier zum ersten Mal Gelegenheit, sich vor versammelter Parteiführung zu erklären und seine Unschuld zu beteuern. Aber um Schuld oder Unschuld geht es jetzt nicht mehr, sondern um Politik. Auch seine engsten Kollegen sind der unberechenbaren Dynamik der Affäre erlegen. Kaum jemand wagt es noch, sich öffentlich für ihn einzusetzen. Hürlimann ist allein, aber zum Kampf entschlossen. Die Stadtzuger Sektion rund um Heinz

Tännler setzt sich an der Sitzung nach wie vor für Hürlimanns Absetzung als Präsident, Kantonsrat und Parteimitglied ein. Doch Hürlimann ist Mitglied der Ortssektion Baar, deshalb können die Zuger ihn nicht einfach ausschliessen. Schliesslich fasst die Parteileitung den Beschluss: Hürlimann soll das Parteipräsidium definitiv abgeben, der Rest wird ausgesessen. Er bleibt Kantonsrat und in der Partei.

Der Blick verpasst den Ausstieg

Am 16. Januar erscheint ein Leserbrief in der Neuen Zuger Zeitung, der die Mehrheitsmeinung in Zug zusammenfasst: «Die Posse um den angeblichen Politskandal scheint immer groteskere Züge anzunehmen. Dass sich nun Frau Spiess-Hegglin erdreistet, ihre privaten Eskapaden in einem verzweifelten Rettungsversuch als Sache der Frau hochzustilisieren, zeugt vor allem von schlechtem Geschmack. Der Versuch, sich in konstruierten Schuldzuweisungen und Schauermärchen zu üben, bringt höchstens noch mehr Spott und Häme ein», schreibt Gabriele Meinhard, ein IT-Spezialist aus Cham.

Der Blick heizt die Story weiter an, auf allen Kanälen. Am 22. Januar schreibt die Zeitung: «Sex-Affäre für SVP immer heisser». Illustriert ist der Artikel mit einem Bild von der Landammannfeier, das der Zuger «Modelfotograf» Charly Werder geknipst hatte. Zu sehen ist eine Traube von Menschen, die einer Rede lauschen, alle Gesichter sind dem Redner zugewandt. Nur eine blickt direkt in die Linse und macht das Victory-Zeichen. Es ist Spiess-Hegglin, an der Seite von Hürlimann. «Welches Geheimzeichen macht hier Spiess-Hegglin?» fragt der Blick und zoomt auf das Gesicht der Politikerin. Das Bild sei brisant, heisst es im Artikel, sogar die Staatsanwaltschaft interessiere sich dafür. Zudem kolportiert die Zeitung, Hürlimann und Spiess-Hegglin seien sich schon vor diesem Abend begegnet, man insinuiert, ohne jeglichen Beleg, die Affäre habe schon früher begonnen. Am 4. November 2014 in Baar nämlich, wo Spiess-Hegglin auf Hürlimanns Einladung ein Gastreferat abgehalten hatte. Tatsächlich hatte Fotograf Charly Werder dies der Staatsanwaltschaft bei der Einvernahme so gesagt, er habe mit seiner berufsbedingten besonderen Sensibilität für Menschen gespürt, dass da schon etwas war. Die Staatsanwaltschaft wollte bei der Einvernahme Werders auch wissen, warum er genau dieses Foto ausgedruckt habe. «Wegen des Victory-Zeichens», sagte der, und weil ihm die Dame «direkt in die Linse» geschaut habe. Das habe ihn erstaunt, denn zu dem Zeitpunkt sei Spiess-Hegglin ihm nicht bekannt gewesen.

Das Thema beschäftigt Öffentlichkeit und Partei nach wie vor. Hürlimann bereitet sich nun darauf vor, sich der Basis zu stellen. Die erste Parteiversammlung nach dem Skandal ist ebenfalls für den 22. Januar in Walchwil anberaumt. Quasi ein Heimspiel für Hürlimann, denn es ist sein Heimatort, aber die Sache ist nicht ungefährlich, wie er weiss. Man wird ihn zwar nicht einfach aus der Partei ausschliessen können, aber Hürlimann hat mittlerweile ein paar Dinge über die Dynamiken solcher Parteiversammlungen gelernt und ist vorsichtig geworden. Wenn es seinen Gegnern gelingt, sich in einer Abstimmung über die Statuten hinwegzusetzen und sie so Fakten schaffen können, kann man so etwas kaum mehr rückgängig machen. Aber Hürlimann weiss auch: Wenn man den Feind kennt und sich selbst ebenfalls, kann man einen Kampf gewinnen.

Nach der ersten Phase des Schocks findet Hürlimann nun seinen Kampfgeist wieder. Strategie hat er keine, aber ein Motto: Er wird nicht zurücktreten, wenn es sich irgendwie vermeiden lässt. Seine Schwestern sagen ihm: «Du musst weitermachen. Du musst es ihnen allen zeigen. Jetzt erst recht.» Seine Frau Daniela sagt ihm: «Das schuldest du mir.» Sie, die vor den Ereignissen an der Landammannfeier genug vom politischen Engagement ihres Mannes an Feierabenden, Wochenenden und sogar während der Ferien gehabt hatte, zeigt sich kämpferisch.

Es geht ums Prinzip. Sie beide sind ein Team und sie lassen sich nicht fertig machen. Also hängt sich Hürlimann ans Telefon und fühlt verschiedenen SVP-Vertretern auf den Zahn: Kommst du morgen? Wie beurteilst du die Lage? Wirst du mir den Rücken stärken? Wenn einer herumdruckst, heisst das für Hürlimann: Der ist gegen mich. Aber klein beigeben kommt nicht infrage. Hürlimann bietet seine drei Schwestern auf, um ihn zu unterstützen. Alle sind in der SVP, teilweise länger als er selbst, und sie sind wütend – auch auf die Parteikollegen, die sich moralisch aufspielen, ihn wegen seines Alkoholkonsums an der Landammannfeier anprangern – und weil er eine fremde Frau geküsst hat. Dabei weiss jeder in Zug, wie gern auch prominente SVP-Vertreter mal einen über den Durst trinken, betrunken nach Hause fahren oder noch im Bordell landen.

Als sich die Parteimitglieder an jenem Abend nach Walchwil aufmachen, glauben Hürlimanns Gegner nicht daran, dass er wirklich kommen wird. Der Druck ist gross. Niemanden würde es erstaunen, wenn er sich das ersparen würde, manche hoffen auch, er werde sich verstecken. Aber diesen Gefallen tut Hürlimann ihnen nicht. Zu viert rollen er und seine Entourage, drei Baarer Parteikollegen, in Walchwil ein. Seine Schwestern sind bereits da. Auf der steinernen Treppe zum Eingang und im Eingangsbereich des Restaurants Aesch wartet zudem auch ein Dutzend Journalisten mit Mikrofonen und Kameras. Als Hürlimann das Restaurant betritt, geht ein Blitzlichtgewitter über ihn nieder, wie bei einer Oscar-Verleihung. Ein Fotograf von Keystone stellt sich dem Politiker in den Weg, richtet das Objektiv auf ihn und drückt auf den Auslöser, eine Salve von Klickgeräuschen direkt in sein Gesicht. Hürlimann steht da, überfordert und im vollen Bewusstsein der Surrealität dieser Situation. Auf den Bildern ist aber nichts von seiner Not zu erkennen. Man sieht bloss einen leicht bieder wirkenden Mann in Anzug und Krawatte, der bereit ist zu tun, was getan werden muss.

Parteipräsident ad interim Thomas Aeschi kann nicht an der Versammlung teilnehmen, er hat wichtigere Termine, weilt am WEF in Davos. Manuel Brandenberg kommt mit Frau und der kleinen Tochter, ganz der Familienmensch: «Was plant er? Ist er für oder gegen mich?», das fragt sich Hürlimann. Die Versammlung beginnt um 20 Uhr, rund 60 Besucher sind da, dazu Presse. Alle Augen sind auf den ehemaligen Parteipräsidenten gerichtet, der hinter einem grossen Glas Mineralwasser sitzt und stumm auf seinen Auftritt wartet. Die Spannung ist mit Händen zu greifen, dennoch wird stur Traktandum um Traktandum abgearbeitet. In der Mitte des Saals hat sich die Verschwörergruppe der Zuger Sektion gefunden, aussen verteilen sich die Walchwiler. Hürlimanns Schwestern sind strategisch in den Ecken postiert. Sie wissen, was zu tun ist. Vor der Sitzung weibeln sie herum, erzählen jedem, Hürlimann sei ein guter Mensch, dem man übel mitgespielt habe. Es gelte nun, Charakter zu zeigen.

Um 21.20 Uhr ist man endlich beim Traktandum «Verschiedenes» angelangt. SVP-Mitglied Rudolf P. Schaub hat den Antrag gestellt, Hürlimann aus der Partei zu werfen. Doch bevor darüber abgestimmt wird, darf sich Hürlimann äussern. Er tritt mit seinem Blatt Papier und schweissigen Händen vor die Versammlung und setzt zu seiner Rede an.

Er und die Co-Präsidentin der Alternative/die Grünen seien sich an der Landammannfeier im Verlauf des Abends sympathisch geworden, seien sich «nähergekommen» und hätten sich im öffentlichen Raum geküsst. «Nichts weiter als Getuschel und Spekulationen unter einigen Kantonsräten wäre von dieser Annäherung übriggeblieben, wäre da nicht plötzlich von K.-o.-Tropfen und damit verbunden auch von einem angeblichen Delikt die Rede gewesen. […] Das hat dann nicht nur zu einer unendlichen Medienkampagne und einer Vorverurteilung meiner Person geführt, sondern dazu, dass wir heute Abend unter einem grossen Interesse der Medien über meinen Parteiausschluss diskutieren.» Hürlimann ist jetzt in Fahrt, er wirkt erhitzt, aber sonst bleibt er ruhig und hält seine Rede. Warum er die Frau geküsst habe, sei ihm unerklärlich, sagt er. Eine Rechtfertigung sei aber auch nicht nötig, weil die SVP sei ja keine Abstinenzlerpartei und setze sich ansonsten auch für Privatsphäre ein. «Fremdküssen ist kein Parteiausschlussgrund», sagt er und hält seinen Parteikollegen dann noch den Spiegel vor. «Wenn gelegentliches ‹über die Stränge hauen› ein Ausschlussgrund wäre, dann hätte die SVP wohl einige Mitglieder und Amtsträger weniger, unter anderem würden wohl auch einige Moralisten fehlen, welche jetzt mit dem Finger auf mich zeigen.» Spontan branden Szenenapplaus und Bravo!-Rufe auf.

Als Hürlimann geendet hat, kommt es zu tumultartigen Szenen, «in der SVP flogen die Fetzen», weiss Zentralplus. Es wird die Frage diskutiert, ob man über einen Ausschlussantrag überhaupt abstimmen soll. Ein Parteimitglied springt auf und ergreift das Wort: «Er ist mit dieser Frau ins Bett, mit dem politischen Gegner! Es würde ja alles gehen, aber sicher nicht mit einer Grünen in die Pfanne!» Der Mann wird von anderen Parteimitgliedern niedergebuht. Ein anderer SVPler flucht, es sei immer dasselbe mit dieser Partei, zwanzig Jahre sei er nun dabei und trete jetzt aus. Theatralisch steht er auf und schmeisst sein Parteibüchlein auf den Boden. Die Presse wird von einem Parteiaustritt aus Protest gegen das zögerliche Verhalten gegenüber Hürlimann berichten. Keiner der Journalisten bekommt mit, wie der Mann das Büchlein später kleinlaut wieder aufhebt und in der Partei verbleibt.

Die Zuger hatten auf einen Coup gehofft, aber Hürlimanns

Rückhalt bei den Parteimitgliedern ist zu gross. Also beschweren sie sich nach der Veranstaltung direkt in die Fernsehkameras der dort wartenden Journalisten. Hürlimanns moralisches Fehlverhalten sei nicht zu akzeptieren, poltern sie. Einer zischt einem Blick-Journalisten beim Rausgehen zu: «Das war eine totale Farce!» Der Stadtzuger Willi Vollenweider, der sowohl im Stadtparlament wie im Kantonsrat sitzt, tritt erzürnt aus der SVP aus, weil er fundamentale SVP-Werte verraten sieht. Die allgemeine Wut richtet sich auch gegen Thomas Aeschi. Es sei unverantwortlich, wenn der Chef in einer Krisenzeit wie dieser nicht vor Ort sei, sagt Kantonsratspräsident Moritz Schmid. Er macht offene Front: «Unser Parteivorstand hat nicht den Mumm, hinzustehen und diese Sache zu klären», sagt er in eine SRF-Kamera. «Gerade in einem so heiklen Fall gehört der stellvertretende Präsident an die Versammlung.» Aeschi weist diese Vorwürfe zurück. Das Schweizer Fernsehen interviewt ihn in Davos, natürlich wird er auch zur Causa Hürlimann befragt. Die Partei sei mitnichten führungslos und es habe bereits diverse Sitzungen in dieser Angelegenheit gegeben, gibt er aus Davos zurück. Aeschi erinnert sich heute zurück: «Es war überraschend, dass in der Partei damals so viele aktiv gegen Hürlimann kämpften. Ich hatte das so nicht erwartet. Das Thema berührte seine Gegner wie auch seine Unterstützer emotional stark.» Innerhalb der SVP blieb die Affäre aber ein rein lokales Problem: «Für die nationalen Kräfte in der SVP war Aeschi als Nationalrat die Drehscheibe. Ich als lokaler Parteipräsident hingegen nur ein Tubeli, dessen Schicksal niemanden interessiert», sagt Hürlimann.

Im Gegensatz zur SVP halten die Alternativen/die Grünen noch zu Spiess-Hegglin. Ihre Co-Präsidentin, Barbara Beck-Iselin, gibt gegenüber der Presse bekannt, man begrüsse es, dass Spiess-Hegglin ihr Kantonsratsmandat wahrnehmen wolle. Sie habe sich nichts zuschulden kommen lassen. Sie sei einzig als mögliches Opfer Teil von laufenden Ermittlungen der Zuger Staatsanwaltschaft.

Die SVP hingegen ist gespalten, die Affäre ist zur Zerreissprobe für die Kantonalpartei geworden. Verschiedene Mitglieder kündigen an, aus Protest aus der SVP auszutreten. Das Zuger Grüppchen will sich abspalten und der Zürcher SVP-Sektion anschliessen. In den Medien wird spekuliert, ob Manuel Brandenberg vielleicht Thomas Aeschi in Sachen Hürlimann absichtlich falsch berate. Dass er seinem heimlichen Erzfeind aus Kalkül empfehle, an Hürlimann festzuhalten – in der Hoffnung, diese Entscheidung könnte Aeschi schaden. Ein Vabanquespiel und eine späte Retourkutsche dafür, dass dieser ihm den Nationalratssitz weggeschnappt hatte. Brandenberg betont aber noch heute, er hätte Hürlimann damals gern als Präsident behalten – viel lieber als Aeschi, dem er Nachlässigkeit attestiert. Dieser weist den Vorwurf aber zurück: «Ich habe mich immer sehr für die Partei eingesetzt.» Doch auch Aeschi spürt in diesen Januartagen den Druck, versucht die Situation zu entschärfen, indem er auf Zeit spielt. Die Diskussion um Hürlimanns Ausschluss müsse zweifellos nachgeholt werden, sagt er der Presse: Aber erst im März.

In den Leserbriefspalten der Zuger Zeitung gehen die Wogen ebenfalls hoch. Es gibt Kritik an Spiess-Hegglin und ihrer Co-Präsidentin: «Die Sicht [...] dass ihre Mitpräsidentin Jolanda Spiess sich nichts habe zuschulden kommen lassen, ist etwas gar grün-blauäugig [...]. Besser, als eine Opferrolle einzunehmen, wäre doch, dazu zu stehen und sich zu entschuldigen, dass man (Frau) an einem Abend zu viel gebechert und sich danebenbenommen hat.» Das schreibt Ruedi Auf der Maur aus Cham. Ein SVP-Mitglied, eine Frau aus Unterägeri, stärkt Hürlimann gegenüber Zentralplus den Rücken: «Wo ist da die Moral, wenn Markus Hürlimann an den Pranger gestellt wird als Vergewaltiger, wenn ihm die eigene Partei in den Rücken schiesst? Das ist weder moralisch noch fair.» Ein anderer Brief: «Viel peinlicher als die Affäre selbst sind die zahlreichen Politiker und Strohmänner, die uns vorgaukeln wollen, sie würden über eine bessere Moral verfügen als der Durchschnittsbürger. [...] Was, wenn weder K.-o.-Tropfen noch sonst ein abwegiges Verhalten des angeblichen Täters festgestellt werden kann? Stehen die Medien und die Moralisten dann für den Schaden gerade und nehmen selbst ihren Hut?» (Jolanda Zampatti, Oberägeri).

Am Wochenende beschliessen Hürlimanns, wieder ins Tessin zu fahren, um vom ganzen Chaos wegzukommen. Es ist der 24. Januar, das Wochenende, an dem zufälligerweise auch die Delegiertenversammlung der SVP ansteht. Sie findet ebenfalls in Locarno statt, deshalb ist das von Hürlimanns gewählte Hotel Belvedere voll mit SVP-Mitgliedern. Hürlimanns sitzen in der Lobby und hören, verborgen hinter einer Säule, wie die Parteikollegen unter schallendem Gelächter Witze über K.-o.-Tropfen reissen. Hürlimanns blicken sich an und geben darauf acht, dass man sie nicht erkennt.

Der Coup, Hürlimann aus seinen Ämtern und der Partei zu drängen, ist misslungen. Aber am 29. Januar steht «der nächste Showdown» an, wie der Blick, einmal mehr der Treiber in dieser unseligen Saga, atemlos vermeldet. Dann werden die beiden Protagonisten sich im Kantonsrat zum ersten Mal wieder öffentlich begegnen. Beide haben angekündigt, an der Sitzung teilnehmen zu wollen. Das verspricht neues Drama – und tatsächlich gehen die Wogen bei den Politikern hoch. Besonders entrüstet zeigt sich die Zuger FDP. Die gewählten Volksvertreter seien mit dem Ehrenkodex des Amtes derart leichtsinnig umgegangen, dass man jegliches Vertrauen verloren habe. Eine weitere Zusammenarbeit sei «undenkbar». Auch in der SVP wird weiter agitiert. Ein anonymer SVPler sagt dem Blick: «Hürlimann und Spiess-Hegglin werden aufgefordert werden, den Saal zu verlassen. Falls sie das nicht tun, wird die Sitzung abgebrochen.» Kantonsratspräsident Moritz Schmid, der die Sitzungen leitet, widerspricht umgehend, er habe nicht vor, irgendjemanden hinauszuwerfen. Er bekräftigt aber seine zuvor schon kundgetane Meinung, die beiden sollten von sich aus zurücktreten.

Markus Hürlimann bereitet sich auch auf seinen Auftritt im Kantonsrat gewissenhaft vor. Mittlerweile ist es beinahe schon Routine. Er hält seine Rede bereit und ist auf den Medienrummel vorbereitet. Am Tag der Kantonsratssitzung warten wieder über zwanzig Journalistinnen und Journalisten vor dem Ratssaal. Auch das übliche Polizeiaufgebot wurde verdoppelt. 45 Minuten bevor die Sitzung beginnen soll, tritt Hürlimann um Punkt 7.45 Uhr im «Theater Casino Zug» für die Pressekonferenz vor die Mikrofone. Wieder entschuldigt er sich. Für sein «Fremdküssen», den Tumult der vergangenen Wochen. Wieder bekräftigt er seine Unschuld, erklärt, das Präsidium habe er bereits niedergelegt, um Schaden von der Partei fernzuhalten. Den Auftrag des Stimmvolkes wolle er aber annehmen, weshalb er Kantonsrat bleibe. Der Blick ist einmal mehr ganz vorne mit dabei und tickert Hürlimanns Rede live fürs Publikum, als ginge es um das Endspiel einer Fussball-Weltmeisterschaft. Um 7.42 Uhr geht die Übertragung los, um 7.46 Uhr tritt Hürlimann vor die Mikrofone. Die Anschuldigungen, so sagt er, seien nicht spurlos an ihm vorbeigegangen. «Offenbar leidet er unter den Vorwürfen», diagnostiziert der Blick-Journalist am Ticker mit psychologischem Feingefühl. Um 8.02 Uhr ist die Medienorientierung zu Ende, Hürlimann verschwindet, ohne Fragen der Journalisten zu beantworten. Die Kantonsratssitzung läuft dann mehr oder weniger ereignislos ab. Auch Spiess-Hegglin nimmt teil. Sie verzichtet auf ein öffentliches Statement. Die beiden gehen sich aus dem Weg, wie die Journalisten fast bedauernd festhalten. Dafür steht die Fraktion der FDP-Frauen bei Hürlimanns ersten Wortmeldungen auf und verlässt den Saal im Protest. Ein Mitglied der FDP-Frauen wird Hürlimann die Hand auch künftig nicht mehr reichen und ihn bei offiziellen Begrüssungen demonstrativ übergehen.

Einmal mehr unterschreitet der Blick das ohnehin schon bodenlos scheinende Niveau seiner bisherigen Berichterstattung. Auf der Titelseite des Blick am Abend vom 29. Januar erscheint die Schlagzeile: «Showdown in Zug: Rummel ums Rammeln». Am nächsten Tag publiziert der Blick eine epische Fotostory mit den Gesichtern der beiden Politiker. Besonders auf Spiess-Hegglin hackt das Boulevardblatt herum: Verkrampft sei sie gewesen, «blass, nervös, kein Strahlen», heisst es, oder: «Die Strapazen sind ihr ins Gesicht geschrieben» – Strapazen notabene, für die der Blick hauptsächlich verantwortlich war. Die Zeitung befragt auch Politikberater und Krisenkommunikationsspezialist Mark Balsiger zu Hürlimanns Pressekonferenz. Der attestiert dem SVPler einen geschickten Schachzug. Er gehe nun davon aus, dass das Interesse bald abflauen werde, denn: Niemand wisse, was genau passiert sei und es stehe Aussage gegen Aussage.

Falsch gedacht. Hürlimanns Pressekonferenz, als Verteidigung angelegt, liefert dem Blick am Abend die nächste Angriffsfläche: «Der SVP-Mann spricht immer wieder von ‹Fremdküssen›, von Sex ist nie die Rede», vermerkt das Blatt tadelnd, als hätte er sich damit widersprochen. Tatsächlich ist Hürlimann bei der Aussage geblieben, die er von Anfang an gemacht hat: Geschlechtsverkehr komme in seiner Erinnerung nicht vor. Dennoch wendet der Blick diese Sache so lange, bis aus dem «ich kann mich nicht an den Geschlechtsakt erinnern» ein «er streitet ab, dass es zu Sex gekommen ist» geworden ist. Auch Spiess-Hegglin wird in der weiteren Folge auf dem Thema herumreiten, nachdem auch sie wegen der Blick-Berichterstattung unter Druck steht. Obschon angefragt, wollte sie für dieses Buch keine Stellung nehmen.

Krisenkommunikator Balsiger wird sich auch sonst auf der ganzen Linie irren, was Spiess-Hegglins Kommunikation anbelangt. Der Kommunikationsspezialist gibt sich erstaunt, weil bei Spiess-Hegglin nicht bloss eine Person, nämlich ihr Sprecher Patrick Senn kommuniziere, sondern auch sie selbst. Und nicht selten macht Senn gegenüber einer Zeitung eine Aussage, während ihm seine Mandantin gleichzeitig in einer anderen Zeitung widerspricht. «Normalerweise spricht in Krisensituationen eine Person», sagt Balsiger gegenüber der Medienwoche. «Dass sowohl der Sprecher als auch die Mandantin öffentlich auftreten, ist problematisch: Senn spricht sachlich und zurückhaltend, Spiess-Hegglin aber offensiv und emotional.» Balsiger wundert sich über das «enorme Mitteilungsbedürfnis» der Politikerin. Selbstgefällig hält er fest, dass keine Lernkurve erkennbar sei. «Statt der erhofften Rehabilitierung treibt Spiess-Hegglin ihre Demontage weiter voran.» Es sei wie im Treibsand: Je heftiger jemand strample, desto tiefer werde er hinuntergezogen. Doch auch dieses scheinbar eherne Prinzip der Krisenkommunikation wird Spiess-Hegglin auf den Kopf stellen.

Das Komitee gegen Sexismus

Aus heutiger Sicht scheint es erstaunlich, wie lange der Blick unwidersprochen auf Spiess-Hegglin eindreschen konnte. Das mag mit der verworrenen Sachlage zu tun haben, damit, dass die Erinnerung an die Landammannfeier noch frisch und der K.-o.-Tropfen-Verdacht unplausibel war. Ende Januar aber beginnen die Ereignisse selbst zu verblassen, die Orientierungsphase ist vorbei. In der Öffentlichkeit macht sich eine gewisse Themen-Müdigkeit breit, die Medien lassen ab.

Da fallen mit Anbruch der Fasnacht Anfang Februar die Narren über die Story her. Landauf landab werden Schnitzelbänke über die «amourösen Eskapaden unter Politikern» gedichtet. Hürlimanns eigene Parteikollegen aus seinem Wohnort basteln in aller Eile und Heimlichkeit einen Fasnachtswagen. Es ist ein Schiff namens «MS Spiess/Hürlimann» mit den Köpfen der beiden Politiker. Die Parteikollegen stellen den Wagen vor Hürlimanns Haus ab. Da er an der Fasnacht traditionell auswärts weilt, bemerkt Hürlimann diese Vorgänge erst später anhand von Fotografien. An der Zuger Fasnacht werden die Leute mit Spiessli und Hürlimann-Bier verköstigt. Ein spontan gedichtetes Lied bringt es mit freundlicher Unterstützung wiederum des Blick zu nationaler Bekanntheit. Eine Schnitzelbangg aus Neuheim, Zug verbreitet sich im Kanton wie ein Lauffeuer. Das Fasnachtslied erzählt eine neue Version der angeblichen Liebesnacht zwischen den beiden Politikern. Es beginnt mit «Chum mit mir in erste Stock, seit d'Jolanda Heggli.» Im folgenden Reim bietet sie Hürlimann an, ihr «Weggli» zu zeigen, und die Pointe des Lieds besteht darin, dass sein Sperma mit K.-o.-Tropfen gleichgesetzt wird. Der Blick macht die Zeile mit

Heggli/Weggli zum Titel.

Es ist eine neuerliche Entgleisung des Mediums, das immer mehr auf die Reizfigur Jolanda Spiess-Hegglin fokussiert. Mehr als sieben Jahre später wird das Zuger Kantonsgericht festhalten, dass auch dieser Artikel Spiess-Hegglins Persönlichkeitsrechte widerrechtlich verletzt hat. Warum man bei Ringier damals so handelte, welche Dynamiken spielten, dass niemand dem Treiben Einhalt gebot, würde man gern wissen. Doch Ringier will sich zur Affäre nicht mehr äussern und hat mittlerweile auch alle Artikel aus dem schweizerischen Medienarchiv gelöscht.

Der Mensch wird nicht durch Vernunft gesteuert, sagt der Moralpsychologe Jonathan Haidt, auch wenn wir das glauben. Wir handeln und urteilen unmittelbar instinktiv und die Vernunft rationalisiert erst nachträglich. Die Vernunft kann zwar die Richtung vorgeben, aber am Steuer sitzen unsere Emotionen und moralischen Instinkte. Deshalb lassen sich Menschen durch Vernunft und rationale Argumente allein kaum je überzeugen. Um das zu tun, muss man ihre Herzen gewinnen, Mitgefühl wecken. Erst wenn sie mitfühlen, werden sie ihre Argumente anpassen.

Und das gelang Spiess-Hegglin. Während der Recherche zu diesem Buch und vor allem nach dem superprovisorischen gerichtlichen Verbot desselben erreichte mich ein eingeschriebener Brief einer mir unbekannten Frau. Darin beschwört sie mich, von der Recherche abzulassen, weil Spiess-Hegglin doch ein Opfer sei. Dessen sei sie sich sicher, weil sie auch Ähnliches erlebt habe. Und genau so funktionierte die Wende der öffentlichen Meinung. Indem Spiess-Hegglin das damals aufkommende Narrativ bediente, das zwei Jahre später die #MeToo-Bewegung so kraftvoll machte. Nämlich dass Frauen seit Jahrhunderten Opfer sexueller Gewalt sind und deshalb grundsätzlich nie hinterfragt werden dürfen.

Nach der Fasnachtsentgleisung Anfang Februar tritt dann das «antisexistische Komitee Bern» auf den Plan, eine Gruppe von «feministischen Künstler*innen und Politiker*innen», so nennen sie sich. In einer öffentlichen Petition schreibt das Komitee, die Berichterstattung über den Skandal wurzle in einem sexistischen Weltbild. Sie funktioniere nach der Logik der sogenannten Rape Culture, einer Kultur, in der sexuelle Gewalt geduldet werde. Und das Komitee ruft dazu auf, diese Berichterstattung zu stoppen. Anstatt die persönliche Integrität eines möglichen Vergewaltigungsopfers zu schützen, böten Journalisten «zweifelhafte anonyme ZeugInnen auf», erfänden Geschichten über Frau Spiess-Hegglins Verhalten gegenüber Männern und etablierten so, Stück für Stück, die grüne/alternative Kantonsrätin als Täterin. Die Petition soll eine Diskussion über Sexismus in den Medien lostreten. Die Berichterstattung weise dem mutmasslichen Opfer eine Mitverantwortung zu, und diese Umdrehung der Verantwortung wurzle in einem sexistischen Weltbild, in welchem «Männer ihrem Sexualtrieb ausgeliefert seien und Frauen aufgrund ihres Verhaltens oder Kleidungsstils Übergriffe provozierten». Das alles wäre unter anderen Umständen zu diskutieren. Doch im vorliegenden Fall betraf die Berichterstattung nicht nur ein potenzielles Opfer, sondern auch einen Mann, der sich später als unschuldig erwies.

«Ist das einfach linke Schützenhilfe für die Grüne Spiess-Hegglin?», fragt Zentralplus in seinem Bericht über dieses «antisexistische Komitee Bern». Virginia Köpfli, Juso-Geschäftsleitungsmitglied und Zuger Politikerin antwortet: «Die meisten Unterzeichner sind nicht aus Zug. Es sind viele Kunst- und Kulturschaffende, Feministen und Feministinnen darunter. Es geht da klar um ein feministisches Anliegen.» Es unterschreiben unter anderem Netz-Aktivistin Anne Wizorek, Autorin Michèle

Roten und Schriftsteller Pedro Lenz. «Aufschrei gegen mediale Hexenjagd», titelt die NZZ.

Damit ist ein neues Thema lanciert. Kritisiert werden nicht die konkrete Berichterstattung, die Falschmeldungen und Lügen über die beiden Betroffenen. Kritisiert wird ein allgemeiner Sexismus, der in «Rape Culture» wurzle. Im Jahr 2015 ist der Begriff unter europäischen Feministinnen gerade erst in Mode gekommen. Ursprünglich eine Idee aus den Siebzigerjahren, will der Begriff alltägliche sexuelle Gewalt gegen Frauen benennen, bis zur radikalen Auffassung, Gewalt gegen Frauen sei so omnipräsent und allgegenwärtig, dass wir sie kaum noch wahrnehmen. In den Neunzigerjahren beinahe vergessen gegangen, wurde das Konzept Anfang der 10er-Dekade von kleinen feministischen Blogs wieder entdeckt und mit der vierten Welle des Feminismus in den Mainstream getragen. Im Jahr 2014 schaffte es das Phänomen «Rape Culture» als Erklärung für sexuelle Gewalt auf US-College-Campus auf die Titelseite des Time Magazine. Und ein knappes Jahr später soll «Rape Culture» nun erklären, warum die Zuger Affäre medial derart ausser Kontrolle geraten ist.

Das öffentliche Engagement prominenter Unterstützer für Spiess-Hegglin zeigt Wirkung. Mitte Januar hatte das Arosa Humorfestival Spiess-Hegglin und Hürlimann für den «Schneemann des Jahres» nominiert. Mit dem Preis würden jeweils Personen bedacht, die für «realsatirische Schlagzeilen und Heiterkeit sorgen», schrieb das Organisationskomitee des Festivals. Das sorgte nicht nur für Heiterkeit. Jolanda Spiess-Hegglins Sprecher Patrick Senn rügte Veranstalter Frank Baumann öffentlich: «Diese Humoristen disqualifizieren sich selbst, wenn sie an einem möglichen Opfer eines Verbrechens irgendetwas lustig finden.» Auch Hürlimanns Anwalt war wenig amüsiert: «Im Hinblick auf die Unschuldsvermutung und das laufende

Vorverfahren empfinde ich dies als unangebracht, geschmacklos und nicht lustig.» Eine breitere Öffentlichkeit interessierte sich zu diesem Zeitpunkt nicht dafür.

Drei Wochen später sieht es anders aus. Nun gerät Frank Baumann, Kopf des Arosa Humorfestivals, ins Visier des antisexistischen Komitees: Hier mache man sich über das potenzielle Opfer eines Sexualdelikts lustig, schreibt zuerst Leena Schmitter in der Tageswoche – auch sie gehört zum Komitee aus Bern. Tages-Anzeiger und NZZ ziehen nach, konfrontieren Frank Baumann. Dieser sieht sich genötigt, sich im Tages-Anzeiger zu verteidigen: «Wahrscheinlich hätte es auch gereicht, wenn wir nur Herrn Hürlimann nominiert hätten. Ich habe in der Zwischenzeit mehrfach mit Frau Spiess-Hegglin telefoniert und versucht, unseren Standpunkt klarzumachen. Und die Gemeinde Arosa lädt sie und ihre Familie für einige Tage ein, um sich in der Bergluft zu erholen. Eine schöne Geste, finde ich.» Auf die Idee, dass auch dem Beschuldigten Hürlimann Unrecht geschehen könnte, kommt er nicht. Es gibt auch keine Interessengruppen, die sich für den SVPler einsetzen. Auf die Forderung angesprochen, er müsse die Nomination zurückziehen, bleibt Baumann aber standhaft: «Wenn, wie im aktuellen Fall, irgendwelche Gruppierungen und Politiker das Wort ergreifen und offene Briefe in der Gegend herumschicken, dann dient das häufig und einzig diesen Figuren.» Und offenbar gibt es nichts zu gewinnen, wenn man sich für Männer einsetzt.

Die grüne Nationalrätin Aline Trede gehört damals ebenfalls zum antisexistischen Komitee. Im Berner Online-Magazin Journal B erläutert sie ihren Standpunkt am 20. Februar etwas ausführlicher: «In der Forschung wird das, was in der Presse seit Weihnachten läuft, mit dem Begriff der ‹Rape Culture› bezeichnet: Sexualisierte Gewalt und Vergewaltigung sind verbreitet und werden in medialen Darstellungen immer öfter normalisiert.» Die Berichterstattung unter dem Titel «Sex-Affäre» anstelle von «(mutmassliche) Vergewaltigung» würde die Mechanismen der Normalisierung von Gewalt gegen Frauen bekräftigen und einvernehmlichen Sex zwischen den Personen suggerieren, schreibt Trede weiter. Die Gesellschaft und «explizit auch die Medienschaffenden», fordert sie, müssten sich mit diesem medienethischen Thema auseinandersetzen. Das ist richtig, doch Trede zieht die falschen Schlüsse. Sie schreibt: «Ich habe nach der Lancierung der Petition immer wieder gehört: Ja, aber in diesem Fall Zug, da weiss man ja jetzt wirklich nicht, was wirklich wahr ist und was nicht. Die Antwort darauf: Schlussendlich spielt es keine grosse Rolle, was wirklich war und was nicht. Die Medienberichterstattung war klar unter aller Sau. Punkt.» Das mag zutreffen, hat aber weniger mit «Rape Culture» zu tun, sondern damit, wie die beiden Protagonisten sich verhielten. Es geht in dieser Geschichte nämlich nicht nur darum, was in der Captain's Lounge passiert oder nicht passiert sein mag. Es geht vor allem darum, wie man das Ganze danach behandelte. Wie die beiden Politiker sich in der Öffentlichkeit, gegenüber den klassischen und in den sozialen Medien verhielten. Also wie sie die Krise managten. Gerne hätte man Tredes heutigen Standpunkt zu dieser Frage erfahren, doch die Nationalrätin meldete sich auf Kontaktversuche nie zurück. Dafür brüstete sie sich in den sozialen Medien damit, solche abgewehrt zu haben.

Mitte Februar meldet sich #Aufschrei-Initiantin Anne Wizorek in der Aargauer Zeitung zu Wort. Sie gibt ein Interview zum Thema Gleichstellung in der Schweiz. Eine Geschlechter-Debatte könne sie hierzulande nicht erkennen, sagt sie, und fügt als Beispiel den «Skandal um die Zuger Sexaffäre» an. «Das ist wieder ein klassisches Beispiel dafür, wie eine neutrale Berichterstattung in den Medien eben gerade nicht läuft.

Der Frau wird kaum Glauben geschenkt, die Medien greifen nach jedem noch so kleinen Indiz, um die Sache auszuschlachten. In einer aufgeklärten Gesellschaft würde eine solche Geschichte viel mehr anhand von Fakten und rücksichtsvoller erzählt», analysiert sie.

Richtig ist, dass die Medienberichterstattung quantitativ extrem war. Dass eine rücksichtsvollere Herangehensweise für alle Beteiligten besser gewesen wäre und dass man sich bei der Berichterstattung an die Fakten hätte halten müssen. Denn Trede irrt, wenn sie meint, es spiele «keine grosse Rolle, was war und was nicht». Gerade auch Vorwürfe sexuellen Missbrauchs müssen sorgfältigst daraufhin geprüft werden, «was war und was nicht». Vor allem auch, wenn sie öffentlich gemacht und die Angeschuldigten bereits als Täter verhandelt werden.

Es war Spiess-Hegglin, die den Skandal mit ihrem Verdacht in Gang gesetzt und nach der unfreiwilligen Veröffentlichung mit ihrer proaktiven Kommunikationsstrategie zur Berichterstattung beigetragen hat. So hielt im Mai 2019 auch das Zuger Kantonsgericht in seinem Urteil fest, Spiess-Hegglin habe «dazu beigetragen, dass der – für sie belastende – Medienhype angehalten hat». Markus Hürlimann kommunizierte weniger. Und trotzdem blieb er über Monate in den Medien als möglicher Täter. Im vorliegenden Fall wurde also nicht nur die Frau, sondern auch der Mann, der zu Unrecht Verdächtigte, Opfer einer amoklaufenden Berichterstattung.

Jolanda Spiess-Hegglin tat das Gegenteil von dem, was Medienberater in solchen Situationen traditionell empfehlen. Anstatt sich ruhig zu verhalten und zu warten, bis die Medien das Interesse verlieren, lieferte sie den Journalisten immer neuen Stoff und teilweise sehr intime Informationen. Aber sie hatte auch einen Anspruch auf Kontrolle: Wer nicht so berichtete, wie sie es sich wünschte, den bombardierte sie danach mit Mails und SMS oder beschwerte sich bei seinen Vorgesetzten. Nützte das nichts, holte sie in den sozialen Medien zum Rundumschlag aus, sekundiert von ihrer stetig wachsenden Unterstützerschar. Das bestätigt eine Reihe von Journalisten, die mit ihr zu tun hatten. Der spätere 20-Minuten-Chefredaktor Gaudenz Looser etwa berichtet von starken Spannungen zwischen seiner Zeitung und Jolanda Spiess-Hegglin. «Es gab mehrfach Momente, da wir beschlossen, die Berichterstattung über sie herunterzufahren. Aber dann kam die Story mit der #MeToo-Debatte und der Hate-Speech-Debatte, sodass wir diese Aspekte immer wieder mitnehmen wollten.»

Ermüdungserscheinungen

Anfang März gibt die Zuger Staatsanwaltschaft das Resultat der bis dahin noch ausstehenden Haarprobe bekannt: negativ. Das bedeutet: Auch nach zweieinhalb Monaten hat die Strafuntersuchung keine belastenden Beweise zum Vorschein gebracht. Die Eröffnung eines ordentlichen Verfahrens gegen Markus Hürlimann wird damit unwahrscheinlich. Am Mittwoch, den 4. März tritt er vor die Presse und erklärt sich erleichtert. Nicht nur die Haarprobe entlaste ihn vollständig vom Verdacht, er habe der Kantonsrätin K.-o.-Tropfen verabreicht. Auch durch die Zeugeneinvernahmen könne man mittlerweile ein ziemlich klares Bild des Abends nachzeichnen, eine Schändung lasse sich ausschliessen. Er erwarte, dass das Verfahren nun schleunigst beendet werde. Er werde auch nicht zurücktreten, seine Arbeit im Kantonsrat sei nicht gefährdet.

Doch er hat die Rechnung ohne die Medien gemacht. Langsam nämlich beginnt die öffentliche Meinung zu Gunsten Spiess-Hegglins zu kippen. Zentralplus argwöhnt, Hürlimanns Angaben seien nicht überprüfbar – warum warte er nicht bis zum Abschluss des Verfahrens, bevor er sich an die Presse wende? Diese Frage stellt das Portal auch Hürlimann. Seine Antwort: «Sehen Sie, die Untersuchung dauert noch bis Juni oder Juli, und dann heisst es, man kann nicht genau sagen, was passiert ist. Ich musste das jetzt klarstellen.» Weiter verteidigt er sich: «Ich wurde lediglich aufgrund einer durch eine Privatperson geäusserten Vermutung verhaftet», wobei sich die Vermutung nun als falsch erwiesen habe. Er sei fertig gemacht worden und deshalb, kündigt er an, werde er nun rechtliche Schritte prüfen. Noch lässt Hürlimann offen, gegen wen er vorgehen will. Dennoch hält die NZZ schon mal indigniert fest, er beabsichtige wohl, die Affäre zur Neverending Story zu machen.

Jolanda Spiess-Hegglin nutzt die Gelegenheit, dem Weltwoche-Journalisten Alex Baur «erstmals aus ihrer Sicht» zu schildern, wie das Strafverfahren zustande gekommen ist. «Und sie erhebt dabei schwere Vorwürfe gegen das Zuger Kantonsspital, welches die Anzeige ohne ihr Einverständnis erstattet habe», schreibt Baur. Sie habe, erzählt Spiess-Hegglin, Hürlimanns Verhaftung nicht gewollt und auch nicht, dass ein Strafverfahren gegen ihn eingeleitet werde. Sie könne sich schlecht vorstellen, dass er zu einer solchen Tat fähig wäre. Ausserdem bestehe ja immer noch die Möglichkeit, sie beide, also auch er, könnten mit K.-o.-Tropfen betäubt worden sein. Baur sagt heute, er habe den Artikel Spiess-Hegglin vor Publikation vollständig vorgelegt. Sie hat ihn also abgesegnet, war mit dem Inhalt einverstanden. Sie lancierte darin auch ihre neue Verteidigungsstrategie: Hürlimann als zweites Opfer. Ist das denkbar? Hürlimann hat diese Möglichkeit für sich verworfen. Die Frage wäre ja auch dann: Wer könnte so etwas geplant haben – zumal ja niemand im Voraus wissen konnte, dass die beiden sich an der Landammannfeier so gut verstehen würden? Was sollte das Motiv, das Ziel einer solchen Aktion gewesen sein?

Auf die Frage, wie der K.-o.-Tropfen-Verdacht zur Presse gekommen sein könnte, sagt Spiess-Hegglin dem Journalisten Baur, ausser ihrem Mann habe sie niemandem von ihrem K.-o.-Tropfen-Verdacht erzählt. Doch zeigt die Auswertung ihres Mobiltelefons in den Strafakten, dass das nicht stimmt. So hat sie einen Freund der Familie per WhatsApp bereits am Sonntagabend über ihren Verdacht informiert. Sie sagt Baur auch, Hürlimann habe sie «kurz vor dem Spitaltermin» angerufen und ihr bestätigt, es sei zu Geschlechtsverkehr gekommen.

Aber der Termin fand am Sonntagmorgen statt und weder in seinen noch in ihren Telefondaten ist ein solcher Kontakt verzeichnet. Es bleibt die Möglichkeit, dass die Verbindung per Festnetz hergestellt wurde, aber Hürlimann bestreitet dies. Zur Frage, wie die Information ihren Weg vom Spital zur Polizei gefunden hat, vermutet Baur, es könnte die «übereifrige Ärztin» gewesen sein, die den Schlamassel auslöste. Tatsächlich hat eine Ärztin informiert, und tatsächlich hat sie im Anruf an die Polizei eine gewisse Unsicherheit signalisiert, ob sie das nun melden muss oder nicht. Dass die Ärztin fälschlicherweise von einer Meldepflicht ausging, brachte Spiess-Hegglin in eine neue Lage. Sie sei «überrascht» gewesen, sagt sie Baur. Aber es deutet nichts darauf hin, dass Spiess-Hegglin diesen Anruf nicht wünschte. Die Politikerin sei über den Anruf informiert, sagte besagte Assistenzärztin am Montagmittag der Polizei, und habe ihre Zustimmung gegeben, das ergibt die Aufzeichnung des Anrufs. Und schon wenige Stunden später gibt Spiess-Hegglin der Polizei bereitwillig und detailliert Auskunft über den Vorfall.

Es ist März 2015 und die Aufarbeitung der Affäre, die auch in der Politik nachhallt, dauert mittlerweile mehr als zwei Monate. Hans-Peter Portmann von der FDP reicht im Nationalrat ein Postulat ein für mehr «Schutz bei Falschanschuldigungen». «Es sind nicht nur Fälle wie z.B. die zwei Zuger Kantonsratsmitglieder oder ein Aargauer Nationalrat oder ein deutscher Bundespräsident, welche immer wieder exemplarisch aufzeigen, dass mit einer falschen Anschuldigung oder gar auch nur mit einer geäusserten Vermutung über ein Fehlverhalten Personen des öffentlichen Lebens zu Fall gebracht werden können. [...] Zum Zeitpunkt der Feststellung der Unschuld sind Arbeitsplatzverlust oder Mandatsrücktritte nicht mehr rückgängig zu machen, was in vielen Fällen von allen Seiten bereut wird. Hier muss das Gesetz den zu Unrecht Angeschuldigten künftig besser schützen.» Es sind fast schon prophetische Worte im Hinblick auf das, was bald Cancel Culture genannt wird. Doch sie verhallen ungehört. Derweil lässt der Blick einen Strafrechtsexperten erwägen, wie Hürlimanns Chancen stehen, Spiess-Hegglin wegen übler Nachrede oder falscher Anschuldigung einklagen zu können. Als sehr schwierig, schätzt Rechtsanwalt David Gibor dieses Vorhaben ein.

Am 3. März habe auch ich einen kurzen Kommentar zur Affäre geschrieben. Dieser Text sollte in den kommenden Monaten und Jahren zur Grundlage einer massiven Kritik an meiner journalistischen Arbeit und meiner Person durch Jolanda Spiess-Hegglin und ihre Mitstreiter werden. In zahlreichen Tweets und Facebook-Einträgen wurde ich als unseriös beschimpft. Immer wieder wurde mein Text in ihren zahlreichen öffentlichen Auftritten als Paradebeispiel für das allgemeine Medienversagen in dieser Sache angeführt. Im Juni 2019 wird die Republik mir unterstellen, mein kritischer Kommentar im März 2015 sei eine «missglückte Abrechnung» mit der Politikerin gewesen, welche ich damals gar nicht gekannt hatte. Es ist dieselbe Stossrichtung, die schon im Juli 2017 in einem grossen Beitrag auf watson zur Affäre formuliert wurde. Dort wurde mein Text auch deshalb bemängelt, weil ich für meinen Meinungsbeitrag nicht mit Jolanda Spiess-Hegglin gesprochen hätte, was zutrifft. Nur ist der Kommentar eine Textform, für die es nicht erforderlich ist, mit dem Objekt des Kommentars zu sprechen, insbesondere, wenn das Objekt der Berichterstattung bereits früher Stellung genommen hat. Dann muss diese Stellungnahme berücksichtigt werden, was in meinem Kommentar der Fall war. Zudem habe ich auch nicht die Person Jolanda Spiess-Hegglin kommentiert, sondern meine Einschätzung zur Sachlage nach der negativen Haarprobe geteilt. Nachdem dieser Kommentar erschienen war, rief mich Jolanda Spiess-Hegglin an. Sie wollte sich erklären und lud mich für ein Gespräch zu sich nach Hause ein. Ich willigte ein und schlug vor, ein Porträt über sie und die Stadt Zug zu schreiben. Ich besuchte sie also in ihrem Heim, wo wir uns mehr als zwei Stunden unterhielten. Aus diesem Gespräch und weiteren Recherchen (unter anderem auch ein Gespräch mit Markus Hürlimann) ging der Text «Die küssen sich, was tun wir» hervor. Vor Publikation gab ich Spiess-Hegglin den ganzen Text zum Lesen. Kurz darauf meldete sich ihr Kommunikationsberater und verlangte, weite Teile des Artikels zu streichen. Das lehnte ich ab. Nur an einzelnen Stellen ging ich aus Gründen des Persönlichkeitsschutzes auf ihre Wünsche ein. Später wird Spiess-Hegglin behaupten, ich hätte mich nicht an die Abmachungen gehalten, es sei nicht ausgemacht gewesen, dass ich etwas über den Fall schreibe. Das trifft nicht zu. Seither hat sie nicht aufgehört, negativ über mich zu reden und damit ihre Fans auf mich zu hetzen, die mir und meinen Chefs Mails, Nachrichten und Hassbotschaften schickten und mich öffentlich diskreditieren. Das geht so bis heute.

Im März bereits berichtete mir Jolanda Spiess-Hegglin bei unserem Gespräch in ihrer Wohnung von der gefundenen DNA-Spur auf dem einen Bändel ihrer Unterhose, die Hürlimann zugeordnet werden könne. Sie wollte mir diese Information exklusiv geben, was ich damals ablehnte. Ebenfalls ein Thema bei diesem Gespräch war ihre Gebärmuttersenkung, die ihr spontanen Sex unmöglich mache. Ich verwendete diese Informationen nicht in meinem Text, da sie mir für mein Porträt nicht relevant erschienen. Der SonntagsBlick brachte dieselben Informationen fünf Monate später als grosse Geschichte. Spiess-Hegglin wollte damit beweisen, dass sie zu einer spontanen ausserehelichen Aktivität gar nicht in der Lage sei, wie es im Artikel heisst: «Mit dieser Diagnose kann ich nicht mal an ein solches Abenteuer denken.» Im Gespräch mit mir erwähnte sie zudem Randensalat, insinuierend, sie habe sich vor Schmerz übergeben müssen. Übergeben muss man sich aber auch, wenn man zu viel trinkt, weshalb auch diese Möglichkeit nicht ausgeschlossen werden kann.

Bis Ende März wurden 19 Zeugen einvernommen, Abstriche, Haar- und Blutproben analysiert, toxikologische Gutachten und Ergänzungsgutachten erstellt und ausgewertet – ohne dass sich ein Tatverdacht im Geringsten erhärten liess. Nach zweieinhalb Monaten scheint sich das Blatt für Hürlimann endlich zu wenden. Auch die Partei steht hinter ihm, die Geschichte macht nun endlich den Anschein, zur Ruhe zu kommen. Alle haben genug, die Journalisten, die Leserinnen und Leser, die Betroffenen. Aber Jolanda Spiess-Hegglin will die Sache partout nicht auf sich beruhen lassen.

Im April schickt ihr Rechtsanwalt Zimmerli der Zuger Staatsanwaltschaft ein Schreiben mit dem Betreff «Strafuntersuchung gegen Markus Hürlimann». Es enthält den Bericht und die Diagnose ihres Gynäkologen. Aus den anatomischen Begebenheiten, so der Anwalt, gehe hervor, dass die Privatklägerin sich niemals auf ein spontanes sexuelles Abenteuer einlassen würde. Die Staatsanwaltschaft nimmt das Schreiben zu den Akten.

Seit der negativen Haarprobe hat sich der Druck auf Markus und Daniela Hürlimann etwas gelegt. Sie fahren nach Thailand in die Ferien, treffen auch da viele Schweizer. Aber niemand scheint sie zu erkennen. Sie sind endlich wieder das, was sie einmal waren: unbescholtene Bürger. Unauffällig, normal.

Oder fast normal.

68'000 Franken macht Hürlimann für seinen juristischen Kampf bis zur Einstellung des Verfahrens geltend. Aber noch ist es nicht vorbei. In der Öffentlichkeit der sozialen Medien geht die Schlammschlacht gegen ihn ungebremst weiter. Und so zeigt Hürlimann Spiess-Hegglin im April 2015 wegen übler Nachrede und Verleumdung an.

Was an der Feier tatsächlich geschah

1. Alkoholkonsum

Die wichtigste Frage, die es für die Staatsanwaltschaft nach der Landammannfeier zu klären gilt, lautet: Waren K.-o.-Tropfen im Spiel? Am 4. Mai gibt sie deshalb ein toxikologisches Plausibilitätsgutachten beim Institut für Rechtsmedizin St. Gallen in Auftrag. Weder im Blut noch im Haar lassen sich Spuren von GHB nachweisen. Also gilt es jetzt die Frage zu klären, welche anderen sedierenden Substanzen allenfalls infrage kämen, um Spiess-Hegglins Filmriss von acht Stunden zu erklären. Und, falls es doch GHB war, ob eine Intoxikation damit zum von den Zeugen geschilderten Verhalten der Politikerin passen würde. Nachdem weder im Blut noch in den Haaren sedierende Substanzen nachgewiesen werden konnten, verlangt Spiess-Hegglins Rechtsanwalt Zimmerli von der Staatsanwaltschaft, ihren Gynäkologen als Zeugen einzuvernehmen. Dies, weil man Spuren von erbrochenem Randensalat in der Captain's Lounge gefunden habe. Eine mechanische Einwirkung auf die Gebärmutter könne bei Spiess-Hegglin zu einem derart heftigen Schmerz führen, dass sie dabei erbrechen müsse. Dies könne der Arzt bezeugen. Dass auch übermässiger Alkoholkonsum zum Erbrechen führen kann, berücksichtigt er dabei nicht. Auch nicht, dass Spiess-Hegglin offenbar nicht nur in der Captain's Lounge, sondern auch zu Hause noch Randensalat erbrochen hat, wie das Portal Vice ein paar Monate später publik macht.

Am 29. Juli liegt das Plausibilitätsgutachten vor. Es kommt zu folgender Einschätzung: Mit den bisherigen toxikologischen

Analysen konnten «keine Substanzen oder Substanzabbauprodukte nachgewiesen werden, welche im Zeitraum des Ereignisses den beschriebenen Filmriss, bzw. eine Sedierung erklären könnten». Möglich sei aber, dass eine geringe Menge einer Substanz zum Zeitpunkt der Blut- bzw. Urinentnahme bereits abgebaut, bzw. ausgeschieden worden sei. Die Erinnerungsstörungen, wie die Politikerin sie schildert, wären aber eher bei einer Überdosierung zu erwarten. Weiter heisst es: «GHB zeichnet sich durch einen salzigen bis seifigen Geschmack aus […] Im Fall von Rotwein erscheint es nicht ohne weiteres vorstellbar, dass eine wirksame Menge von GHB gänzlich unbemerkt mit einem Schluck Alkohol aufgenommen werden kann.» Eine Überdosierung würde zudem mit starken motorischen Einschränkungen einhergehen.

«Ein plötzlich einsetzender, kompletter Erinnerungsverlust über einen Zeitraum von mehreren Stunden ohne entsprechende Begleitsymptome entspricht nicht dem typischen Nebenwirkungsspektrum von GHB», heisst es im Gutachten. Zudem hätte Spiess-Hegglin laut verschiedenen Zeugen im Verlauf des Abends auch zunehmend alkoholisiert gewirkt. Für eine markante Änderung der Stimmungslage, die sich nach der Aufnahme von GHB ergeben müsste, gibt es in den vorliegenden Zeugenaussagen keine Hinweise. Auch Benzodiazepine schliesst das Gutachten aus, ebenso aufputschende Substanzen wie Speed oder Kokain, die sich länger hätten nachweisen lassen. Hingegen liesse sich ihr Zustandsbild «ohne weiteres durch einen gewissen Alkoholisierungsgrad erklären», heisst es im Gutachten. Je nach Verträglichkeit könne dadurch ein lückenhaftes Erinnern erklärt werden, nicht aber der Totalausfall jeglichen Erinnerungsvermögens über einen Zeitraum von acht Stunden. Allerdings gibt das Gutachten auch zu bedenken: Dass jemand sich nicht an Handlungen erinnern kann, bedeutet nicht automatisch, dass die betroffene Person handlungs- oder widerstandsunfähig gewesen ist.

Der Mechanismus eines alkoholinduzierten Blackouts ist simpel: Wenn das Blut eine gewisse Sättigung mit Alkohol erreicht, wird der Hippocampus heruntergefahren. Dieses Hirnareal ist entscheidend dafür verantwortlich, Erinnerungen zu Bildern zu formen und im Langzeitgedächtnis zu speichern. Das Kurzzeitgedächtnis arbeitet derweil einwandfrei, weshalb man Personen ihr Blackout meist nicht anmerkt, sie oft tadellos funktionieren und manchmal auch eine ganze Gesellschaft unterhalten können – ohne sich am nächsten Tag im Geringsten daran zu erinnern. Man nennt das anterograde Amnesie.

Die mildere Form der Vergiftung äussert sich in sogenannten Brownouts. Dabei gleicht die Erinnerung einem «Licht im Gehirn, das flackernd an- und ausgeht», beschreibt Sarah Hepola in ihrem Buch «Blackout» ihre Erfahrungen. «Womöglich erinnert man sich noch, wie man einen Drink bestellt hat, aber nicht, wie man zur Bar gegangen ist.» Die Erinnerungslücken können nur wenige Minuten, manchmal aber auch Stunden andauern. Im Blackout tun Menschen Dinge, die sie sich nachher nicht erklären können. «Der Alkohol reduziert uns bisweilen auf unsere primitivsten Triebe, auf unser knurrendes, animalisches Ich.»

Welche Alkoholmenge zu einem Blackout führt, hängt auch davon ab, wie schnell eine bestimmte Konzentration im Blut erreicht wird. Ab zwei Promille kommt es zu fragmentarischen Blackouts, ab drei Promille en bloc. Das genaue Mass der Übersättigung ist von Mensch zu Mensch unterschiedlich, Grösse, Alter, Alkoholtoleranz und Geschlecht spielen eine Rolle. Frauen sind häufiger von Blackouts betroffen als Männer.

Spiess-Hegglin gab zum betreffenden Abend an, kaum etwas getrunken zu haben und sich klar erinnern zu können, bis um

23.45 Uhr die Lichter in ihrem Kopf ausgingen. Bis dahin, sagt sie, habe sie ein halbes Bier, ein wenig von einem Cüpli und etwa drei Gläser Rotwein getrunken. Tatsache ist, dass sie um 18.00 Uhr mit Trinken begann und ab ungefähr 19.30 Uhr bis zum Filmriss um 23.45 Uhr immer mit Hürlimann zusammen war. Beide haben Wein getrunken. Kellner schenkten jeweils nach, aber es standen auch Flaschen herum, aus denen Hürlimann gemäss seiner Einvernahme mindestens einmal «unsere Gläser bis fast unter den Rand» füllte. Auf den Bildern, die verschiedene Zeugen über den Abend hinweg von den beiden machten, haben die beiden jeweils ein Weinglas in der Hand – mit verschiedenen Pegelständen. Spiess-Hegglin gab zudem bei ihrer ersten Einvernahme am 22. Dezember auch an, etwa drei Mal zur Toilette gegangen zu sein. Auch das kann auf eine erhöhte Flüssigkeitszufuhr hindeuten. Das Zürcher Institut für Rechtsmedizin konnte auf Anfrage der Staatsanwaltschaft nur feststellen, dass in der Blutprobe vom Sonntag, 18.50 Uhr, kein Alkohol mehr nachgewiesen wurde. Wenn man von einer mittleren Abbaurate ausgehe, so hätte Spiess-Hegglin an der Landammannfeier um 2.00 Uhr einen Blutalkoholwert von bis zu 2.53 Promille gehabt haben können, hält das Institut fest. Es können aber auch weniger gewesen sein. Hürlimann gab in seiner Einvernahme zudem an, sie beide hätten den Hauptgang ausgelassen, so sehr seien sie ins Gespräch vertieft gewesen. Spiess-Hegglin aber sagte im März aus, sie habe am Vorspeisenbuffet Randensalat sowie Älpler-Makronen und später auch Fisch zu sich genommen. Keiner der Zeugen konnte sagen, wie viel die beiden getrunken hatten. Aber die meisten berichteten, dass sie sie meistens mit einem Glas Wein in der Hand gesehen hätten. Ist es unter solchen Umständen tatsächlich so einfach, über den eigenen Alkoholkonsum genau Bescheid zu wissen?

2. Der Flirt

Laut Spiess-Hegglins Aussage trifft sie um 18 Uhr auf dem
Landsgemeindeplatz ein, wo sie sich mit Parteikollegen unterhält, ein halbes Bier trinkt und sich nach etwa einer Viertelstunde auf die Partyschiffe begibt. Vor der Garderobe hat sich
eine Schlange gebildet, die Partygäste stehen an und sehen sich
um, auch Spiess-Hegglin. Sie sieht überall bekannte Gesichter.
Es gibt Prosecco zum Apéro, Spiess-Hegglin trinkt wiederum
nur «sehr wenig». Im Foyer entdeckt sie Charly Keiser, der sich
mit einer Gruppe von Leuten unterhält. Sie beschliesst, ihren
Vorsatz anzugehen, Kontakte auch ins gegnerische Lager zu
knüpfen, aber der erste Versuch scheitert vorerst. Der Journalist
habe sie «links liegen lassen», wird Spiess-Hegglin bei ihrer Einvernahme berichten, sie sei ja «bekanntlich keine Freundin von
ihm». Weil Keiser vor allem im bürgerlichen Lager bestens vernetzt ist, hat sie ihn schon verschiedentlich in Leserbriefen angegriffen. Doch nun fasst sie sich ein Herz. Sie fällt ihm ins Wort
und fragt ihn, ob er nicht Frieden mit ihr schliessen wolle, so
schildert sie die Begegnung bei ihrer zweiten Einvernahme.
Keiser habe sich daraufhin ihr zugewandt und in ihr Angebot
eingewilligt. Dann sei gut gewesen.

Auch Keiser erinnert sich heute an diese Begegnung zu Beginn des Abends. Spiess-Hegglin habe ihn angesprochen und
von ihm wissen wollen, warum die Zuger Zeitung nicht mehr
mit ihr spreche. Ob er sie nicht mehr gernhabe. Er habe geantwortet, er und seine Kollegen bei der Zuger Zeitung hätten beschlossen, den Kontakt zu ihrer Partei nur noch über die andere
Co-Präsidentin zu pflegen. Dies, weil Spiess-Hegglin ihn und
seine Kollegen in den sozialen Medien und im Parteiblatt der
Grünen mit den unflätigsten Ausdrücken völlig unter der Gür-
tellinie beschimpft habe. Er habe ihr an diesem Abend im Foyer

gesagt, sobald sie sich ihnen gegenüber wieder anständig benehme, sei man auch gewillt, wieder mit ihr zu sprechen.

Nach dieser Begegnung geht Spiess-Hegglin mit ihren Gspänli zum Vorspeisenbuffet, um etwas zu essen. Dort trifft sie auf Hürlimann. Sie stehen an einem der Tische und kommen ins Gespräch. Vom Moment dieser Begegnung an werden sie sich an diesem Abend nicht mehr von der Seite weichen. Es gibt unterschiedliche Schilderungen zur Frage, wie nahe die beiden sich während der offiziellen Feier auf der MS Rigi und MS Zug bereits gekommen sind. Eine Zeugin will überhaupt keine Annäherung bemerkt haben, zwei sagen, die beiden hätten einfach gut drauf gewirkt, und nochmal andere beurteilen das Verhalten der beiden schon zu diesem Zeitpunkt als auffällig, empörend. Verschiedene Zeugen zeigen sich bei den Einvernahmen sehr emotional, als sie auf das Verhalten der beiden angesprochen werden. Vor allem jenes nach der offiziellen Feier. So sagt etwa die frühere Kantonsrätin C. B. bei ihrer Einvernahme: «Wie gesagt, die Politik ist ein Haifischbecken. […]. Es gab Sprüche wie: Was tun die? Was soll das? […] Emotional habe ich mich sehr daran gestört, es hat mir nicht gefallen, dass die beiden Diskussionen auslösen und auch, dass sie sich wohl bewusst waren, was sie auslösen. Ich habe es als sehr störend empfunden, auch weil die Feier so schön war und dies nun immer das Thema war.»

Auch K. N., Parteikollege Markus Hürlimanns, gibt sich bei der Einvernahme entrüstet über das Verhalten der Kantonsräte. Deutlich markiert er zu Anfang seiner Einvernahme seine Distanz, sowohl zu ihr wie auch zu seinem Parteikollegen. Angesprochen auf das jeweilige Verhältnis zu den beiden, sagt er: Zu Hürlimann stehe er «in einem Parteiverhältnis. Wir sind nicht irgendwie Kollegen oder so». Die Staatsanwältin fragt ihn, ob er in der SVP zum Lager pro oder contra Hürlimann gehöre.

Erst weicht K. N. aus, und als die Staatsanwältin nachfragt, sagt er: «Meines Erachtens muss Markus nicht aus der Partei austreten, aber als Kantonsrat ist er nicht mehr glaubwürdig. Das ist nicht nur meine Meinung, sondern das höre ich auch im Volk.» Er habe Hürlimann zuletzt an der Kantonsratssitzung Ende Januar gesehen, aber «gesprochen habe ich kein Wort mit ihm, dazu stehe ich.» Als die Staatsanwältin von ihm wissen will, ob er seit der Landammannfeier mit Jolanda Spiess-Hegglin geredet habe, sagt er: «Wie gesagt, ich schau sie nicht mal mehr an. Sie ist für mich Luft.»

K. N. sagt der Staatsanwältin, das Paar sei ihm bereits am Vorspeisenbuffet aufgefallen. Als er sie auf dem Schiff immer noch zusammen gesehen habe, sei er auf die beiden zugetreten und habe sie gefragt, was das solle. Die beiden hätten geantwortet, dass man sich auch parteiübergreifend gern haben könne. Doch die Verbindung missfiel K. N., und zwar zünftig. Denn als sich die Gesellschaft aus dem Foyer ein Deck hoch zur Ansprache von Adrian Risi bewegt, sieht er, wie die beiden hochgehen, erzählt er in der Einvernahme. «Sie hat ihn dann am Füdli leicht die Treppe hochgestossen. Das hat mich sehr gestört. […] Das weiss ich noch sehr genau, weil ich mich so aufgeregt habe.» Als das Paar dann nach der Rede über die Treppe wieder ins Foyer zurückkehrt, steht unten Charly Keiser und fotografiert sie. Es ist das Bild, das später im Blick erscheinen und die öffentliche Meinung zur Affäre wesentlich beeinflussen wird. Die beiden wirken vertraut, alkoholisiert und gelöst, sie strahlt übers ganze Gesicht, auch zu ihm hin. Kurz nach diesem Moment tritt K. N. auf sie zu. Er stösst mit ihnen an und sagt: «Ich muss jetzt noch ein Foto von diesem Liebespaar machen», so schildert er es der Staatsanwältin.

Hürlimann wird dieses Gespräch später bestätigen. Spiess-Hegglin aber kann sich in ihrer Einvernahme vom März 2015 nicht mehr daran erinnern, dass K. N. so etwas gesagt habe. Sie wird erklären, sie habe sich die Rede von Adrian Risi eigentlich gar nicht anhören wollen, da sie sich auch mit ihm bereits in «öffentlich in Leserbriefen bekämpft» hat. Dann aber sei sie «Markus zuliebe» mitgegangen.

In seiner Rede macht Risi grobe und nach der Einschätzung verschiedener Zeugen sexistische Spässe über Eveline Widmer-Schlumpf. Einige Zuhörer sind empört, auch Spiess-Hegglin. Sie will dazu einen Tweet absetzen, der Welt diesen skandalösen Witz mitteilen, und zückt dazu das Handy. Hürlimann habe das aber «keine gute Idee» gefunden, sodass sie das Risi-Zitat zwar ins Handy getippt, aber nicht abgeschickt habe.

Die Sache lässt ihr dennoch keine Ruhe. Später, als sie und Hürlimann im Bug des Schiffs sitzen und die Köpfe zusammenstecken, denkt sie immer noch darüber nach. Das ungleiche Paar bleibt bis zum Ende der offiziellen Feier dort im Bug sitzen, noch immer unterhalten die zwei sich bestens. Zwei Mal noch geht Spiess-Hegglin in dieser Phase zur Toilette, sagt sie in ihrer Einvernahme, und habe sich dabei nicht betrunken gefühlt. Das merkte sie daran, dass sie die steile Treppe trotz der Absätze an ihren Schuhen ohne Probleme habe bewältigen können. In Gedanken feilt sie bei ihrem letzten WC-Besuch immer noch an ihrem Tweet. Soll sie es tun, ihn absenden? Oder doch lieber auf Hürlimann hören und es bleiben lassen? Schliesslich tut sie es nicht, wie sie in ihrer Einvernahme sagt, weil sie zuerst «das Twitter-Gewitter miterleben wollte», das Risi auslöste. Sie steigt die Treppe wieder hoch zu Markus Hürlimann und ihrem Weinglas. Wenig später, laut Einvernahme um 23.45 Uhr, schwinden ihr die Sinne.

Wie betrunken waren die beiden wirklich? Die Zeugenaussagen schwanken – denn was heisst schon betrunken? Man ist sich weitgehend einig, dass die beiden angetrunken wirkten, und man ist sich einig, dass sie diesbezüglich keineswegs auffällig waren. Nur ihr Verhalten gegenüber dem jeweils anderen war auffällig. In der Bar nach der offiziellen Feier waren sie sich sehr nahe, da sind sich die Zeugen ebenfalls einig. Sie benahmen sich wie ein «junges, verliebtes Paar», sagt K. N. in seiner Einvernahme, sie hätten auch so getanzt. Gegen Ende des Abends sei er deshalb erneut auf die beiden zugetreten und habe sie gefragt: «Wisst ihr eigentlich, wo ihr da seid und was ihr macht?» Darauf hätten sie geantwortet: «Wir haben uns gern.» Spiess-Hegglin habe ihn bei diesem Gespräch angelacht, aber er habe nicht das Gefühl gehabt, dass «sie auf einem anderen Stern» sei.

K. N. wurde als einer der letzten Zeugen erst im März einvernommen. Er irrte sich bei seiner Einvernahme in gewissen Angaben. Etwa darin, ob Hürlimann und Spiess-Hegglin getanzt hatten, bevor oder nachdem sie in der Captain's Lounge waren. Oder darin, dass Spiess-Hegglin auf dem Landsgemeindeplatz nicht Glühwein, sondern Bier getrunken hatte. Spiess-Hegglins Anwalt versucht ihn in der Folge als unglaubwürdig zu diskreditieren. Er sei ihr nicht wohlgesonnen, seine Aussagen hätten das Ziel, ihr zu schaden, so das Argument, das sie auch gegen K. N. vorbringt.

Es ist ein Muster, das sich durch die gesamte Kommunikation Spiess-Hegglins und ihre Aussagen gegenüber der Staatsanwaltschaft zieht. Jeder wird als Freund oder Feind kategorisiert. Wer an ihrer Version zweifelt, muss persönliche Motive haben. Das ist auch das Bild, das sie gegen aussen unablässig artikuliert: Überall sieht sie Feinde, Verschwörungen gegen sich. Wer sie kritisiert, ist ein Feind und ein Stalker. Ihre eigene Rolle in diesen Spielen, die Provokationen, Fake-Profile und Diffamierungen blendet sie konsequent aus.

Im späteren Strafprozess gegen den Journalisten Philipp Gut

wird sie einen Grossteil der Zeugenaussagen in Zweifel ziehen. Sie wird argumentieren, auch das zweite toxikologische Gutachten, das zum Schluss kam, Spiess-Hegglins Zustandsbild sei durch einen gewissen Alkoholisierungsgrad erklärbar, stütze sich auf diese «teilweise nachweislich falschen Protokolle». Die korrekte Darstellung sieht sie in den Einvernahmen dreier ihrer Parteikollegen. Diese gäben ein «komplett anderes Bild von den Geschehnissen in dieser Nacht» wieder. Tatsächlich sehen die drei das Verhalten von Spiess-Hegglin und Hürlimann im Verlaufe des Abends nicht als Flirt. So beschreibt die Grünen-Politikerin M. W. das Gespräch der beiden im Bug des Schiffs als ruhig und ernsthaft, ohne Bezug zu irgendeiner Form von Sexualität. Auch ihr Parteikollege S. G. erlebte das Gespräch im Bug als «distanziert und nicht sehr vertraulich». Er betont, dass er das Fest anders erlebte, als es in den Medien dargestellt wurde. Nicht als feucht-fröhlich, sondern eher als gediegenen Anlass freundschaftlicher Art.

Der dritte Parteikollege, auf den sich Spiess-Hegglin beruft, ist A. H., der als Zeuge von ihr vorgeschlagen wurde. Die zwei hätten nicht sehr betrunken gewirkt, auffällig seien sie höchstens gewesen, weil sie den ganzen Abend zusammen waren. Auch er hatte die beiden deshalb fotografiert, als er sie gegen elf Uhr im Bug des Schiffs antraf. «Ich dachte mir, man könnte vielleicht mal was Lustiges daraus [den Fotos] machen», so sagte er damals, «im Sinne von, siehst du, hier hat das Gespräch ja auch funktioniert, auch wenn die beiden mal politisch das Heu nicht auf der gleichen Bühne hatten». Wie seine Parteikollegen geht auch er nicht näher auf das ein, was zwischen den beiden nach dem Wechsel ins Restaurant Schiff stattgefunden hat. Er erzählt zwar, dass ihn A. B. «angestichelt» habe: «Das sind ja unschöne Bilder, welche die zwei abgeben. Hast du deine Fraktion nicht im Griff?» Er wollte aber nichts Genaueres wissen und sagte bei seiner Einvernahme: «Für mich waren das zwei erwachsene Menschen, die etwas gemacht haben oder eben nicht.»

Die Annäherung der beiden im Verlaufe des Abends schildert auch der frühere CVP-Kantonsrat T. H. bei seiner Einvernahme, die bereits vier Tage nach dem Ereignis stattfand. T. H. erzählt, er sei an diesem Abend nüchtern geblieben und das Politikerpaar sei auffällig gewesen. Später, im Restaurant Schiff, als er sie an eine Säule gelehnt stehen sah, habe er sie gefragt, ob sie ein Paar seien. Sie hätten gelacht und gesagt: «Bis jetzt nicht.» Sie hätten glücklich und zufrieden miteinander ausgesehen. Als die Staatsanwältin Spiess-Hegglin später auf diesen Wortwechsel anspricht, kann diese sich nicht erinnern. Sie vergisst aber nicht zu erwähnen, auch T. H. sei ihr nicht wohlgesonnen. Auch mit ihm habe sie sich schon per Leserbrief gestritten.

3. In der Captain's Lounge

Beim offiziellen Anlass hat es kaum oder keinen Körperkontakt zwischen Hürlimann und Spiess-Hegglin gegeben. Später im Restaurant Schiff ist das anders, das bestätigt auch T. H., der in der Einvernahme konkrete Berührungen beschreibt und ergänzt: «Das sah schon sehr vertraut aus, für einen politischen Abend. Die Körpersprache deutend würde ich sagen, das sah nach grosser Lust aus und Zuneigung war erkennbar. Ich als Mann hätte das jedenfalls so verstanden, wenn Frau Spiess mit mir so umgegangen wäre.» Sowohl Hürlimann wie auch Spiess-Hegglin sagen, an diesen Zeitpunkt keine Erinnerungen mehr zu haben. Da Spiess-Hegglin sich wegen einer vermuteten Schändung ins Spital begab, muss hier die Frage interessieren, ob das, was im Weiteren zwischen den beiden passierte, einvernehmlich war und somit die logische Fortsetzung des sich über den gesamten Abend hinziehenden Gesprächs. Oder ob Hürlimann tatsächlich ihre sexuelle Integrität verletzte.

Als T. H. irgendwann gegen 00.45 Uhr zur Toilette geht und die schmale Holztreppe in den Zwischenstock erklimmt, erwischt er die Präsidentin der Alternative/die Grünen und den SVP-Parteipräsidenten beim Schmusen. Das habe «harmonisch, freiwillig und lustvoll» ausgesehen, gibt er an. T. H. war es dann auch, der später, als er vom Toilettengang in die Bar zurückkehrte, mit C. B. den Plan schmiedete, den beiden nachzuschleichen. Tatsächlich steigen die zwei wenig später die Treppe in den Zwischenstock und dann zur Captain's Lounge hoch. Die Tür sei einen Spalt offen gewesen, erinnert sich T. H., C. B. gibt an, die Türe selbst geöffnet zu haben, um zu sehen, was in der Captain's Lounge vor sich ging. «Wir sahen, dass am Boden, auf dem Tisch, auf den Stühlen Kleider verstreut herumlagen», erinnert sich T. H. bei seiner Einvernahme.

Angesichts der delikaten Szene verzichten die beiden Kantonsräte darauf, ihre Kollegen in flagranti zu erwischen, und ziehen sich zurück. «Ich habe zu diesem Zeitpunkt keine der beiden Personen gesehen und es ist mir auch aufgefallen, dass ich explizit keine Geräusche gehört habe», sagt T. H. der Staatsanwältin. Dasselbe erzählt C. B. in ihrer Einvernahme. Niemanden gesehen und vor allem: nichts gehört. Die Staatsanwältin fragt T. H. auch nach dem zweiten Mann. Ob er ihn in der Captain's Lounge gesehen habe. Ob er den Raum zusammen mit den beiden verlassen habe. T. H. verneint. Darauf angesprochen, ob er von einem einvernehmlichen Geschehen ausgehe, antwortet T. H., dass die beiden wie gesagt harmonisch, freiwillig und lustvoll gewirkt hätten. «Ich kann mir nicht vorstellen, dass sich die Situation in wenigen Minuten verändert.»

Keiner der Zeugen konnte genaue Angaben machen, wann die beiden in den zweiten Stock verschwunden waren, es muss zwischen 00.45 Uhr und 1.00 Uhr gewesen sein. Ungefähr eine Viertelstunde später schlichen ihnen die Kantonsräte nach und sahen Kleidung in der Captain's Lounge, hörten aber nichts. Um 1.30 Uhr verabschiedeten sich die letzten Gäste aus der Bar, wie das mit dem Barpersonal zuvor ausgemacht worden war. T. H. geht als einer der letzten und informiert die beiden Barmänner, es seien noch zwei Leute in der Captain's Lounge. Dies berichtet einer der Barmänner bei seiner Einvernahme. T. H. habe gesagt, da hätten noch zwei eine Sitzung: «Es handelt sich um zwei Personen ganz links und ganz rechts des politischen Spektrums. Bei denen geht es normalerweise nicht lange.»

Zehn oder zwanzig Minuten, nachdem die letzten Gäste gegangen waren, kamen schliesslich auch Hürlimann und Spiess-Hegglin herunter, Hürlimann nahm noch seinen Mantel und sie verschwanden in die Nacht, sagte der Barmann. Sie hätten müde gewirkt, betrunken, aber nicht übermässig. Jolanda

Spiess-Hegglin sei ohne fremde Hilfe die Treppe hinunterge-
stiegen und habe die Bar verlassen. Das Ganze habe einvernehmlich ausgesehen.

Als die beiden Barmänner zuletzt die Captain's Lounge kon-
trollierten, brannte das Licht dort noch. Ein Fotodruck war von
der Wand genommen worden und stand am Boden. Auch sonst
schienen diverse Dinge verschoben. Sie entdeckten einen Tisch,
bei dem die Tischplatte «schräg war», wie es in einer Aktennotiz heisst, ein Tischbein war verbogen. Am Boden entdeckten
sie an mehreren Stellen erbrochenen Randensalat, den sie weg-
putzten. Als ein Barmann bei seiner Einvernahme gefragt wird,
was er sich gedacht habe, als er später in der Presse die Artikel
zu diesem Abend lesen konnte, sagt er: «Ich war sehr überrascht
darüber, zumal ich in dieser Nacht keine Anzeichen in diese
Richtung wahrnehmen konnte.»

Und wie kann man ausschliessen, dass Hürlimann im Blackout nicht doch etwas getan hat, was Spiess-Hegglin nicht
wollte? Das kann man nicht ausschliessen. Für den Tatbestand
der Schändung aber muss eine Person widerstandsunfähig sein
und der Beschuldigte muss diese Widerstandsunfähigkeit erkennen können. Im vorliegenden Fall stellt sich die Frage, wie
man feststellen soll, wer was wollte und dem anderen zu erkennen gab, wenn keiner der beiden eine Erinnerung daran hat. Somit lautet der letzte Stand der Dinge: Die beiden Zeugen haben
ausdrücklich nichts gesehen und nichts gehört von dem, was in
der Captain's Lounge vor sich gegangen ist. Aber keiner der
beiden und auch keiner der anderen Zeugen hat auch nur einen
Augenblick gedacht, die Handlungen der beiden könnten nicht
einvernehmlich gewesen sein.

Spiess-Hegglin sagte von Anfang an, sie wisse nur vom Geschlechtsverkehr, weil Hürlimann diesen bestätigt habe. Er hat
das von Anfang an bestritten und gesagt, er habe keine

Erinnerung an Geschlechtsverkehr. Dass es dazu gekommen sein muss, vermutete sie, weil sie mit Unterleibsschmerzen erwacht war. Aber weder konnte sie sich daran erinnern, woher die Schmerzen tatsächlich rührten, noch wurden bei der Untersuchung Verletzungen im Unterleib festgestellt. Spiess-Hegglin sieht sich jedoch bestätigt durch die rechtsmedizinische Untersuchung, deren Ergebnisse sie wiederholt publik macht. Dort wurde die DNA von Hürlimann in ihrem Intimbereich gefunden, was sicher einen sexuellen Kontakt bestätigt, aber nichts Näheres darüber belegt, von welcher Art dieser Kontakt war. Beide sagten in ihrer Einvernahme, sie erinnerten sich an ein grelles Licht, einen Knall, einen Sturz über eine Kante. Das verbogene Mobiliar deutet darauf hin, dass die beiden entweder samt dem Tisch umgefallen oder auf den Tisch gefallen sind. Das erklärt auch die Verletzungen der beiden, er am Rippenbogen, sie an Schulter und Unterschenkel.

4. «Gäll, mir bekämpfed eus nie»

Jolanda Spiess-Hegglin stellt sich bis heute in den Medien als Opfer einer «Vergewaltigung, die sie nicht beweisen kann» (ARD) dar. Gleichzeitig betont sie, sie hätte Markus Hürlimann nie beschuldigt. Deshalb muss es interessieren, wie die Beweislage ist und wie sich Spiess-Hegglin dazu im Verfahren geäussert hat.

Von Spiess-Hegglin gibt es zwei Einvernahmen. Es gibt die Aussage bei der Polizei vom Montag, den 22. Dezember. Am 23. März 2015 wurde sie zum zweiten Mal einvernommen. Auffällig ist, dass sie sich in der zweiten Einvernahme teilweise sehr detailliert an die Landammannfeier erinnert und genaue Angaben macht, mit wem sie wann gesprochen habe. Sie sagt, wie wisse das alles so genau, weil sie sich alles aufgeschrieben habe. Bei anderen Details hingegen, etwa dass sie schon während der offiziellen Feier auf ihr Verhalten bezüglich Hürlimann angesprochen wurde, zeigt sie auffällige Erinnerungslücken.

In der zweiten Einvernahme gibt Spiess-Hegglin an, sie habe mit Hürlimann zunächst über Migration geredet. Sie kann sich an einen Zeugen erinnern, der sie dort angesprochen habe, wie toll er es finde, dass sie zwei sich so gut verstehen. «Ich habe seiner Aussage keine spezielle Bedeutung zugemessen», sagt sie. Sie habe Hürlimann erzählt, was sie ihrem Mann zu Weihnachten schenke. Sie sei «gut im Diskutieren» gewesen, sagt sie der Staatsanwältin und meint damit: also nicht betrunken. Was das von den Zeugen beobachtete und von Hürlimann so empfundene Flirten anbelangt, sagt sie: «Es gab absolut kein Knistern zwischen uns, wie er es im Protokoll dargestellt hat. Ich gehe grundsätzlich mit einem Lachen durchs Leben und bin sehr offen. Oftmals wird dies von meinem Gegenüber falsch gedeutet und vielleicht sollte ich manchmal ein bisschen zurückhaltender sein.»

In ihrer ersten Einvernahme am 22. Dezember sprach Jolanda Spiess-Hegglin von Hürlimann als einem Mann, der sie verfolgt und vieles über sie und ihre Familie gewusst habe. In der zweiten Einvernahme zeichnet sie drei Monate später ein etwas anderes Bild: «Wir haben aber auch über Privates gesprochen, von meinem Mann und meiner Familie, und auch er hat von seiner Frau gesprochen, und dann sollte der Fall ja eigentlich klar sein.» Auch Hürlimann erinnert sich an die Gespräche, die er mit Spiess-Hegglin an diesem Abend geführt hat. Er habe ihr von seinem Frust mit den Parteikollegen erzählt, sie habe geantwortet, das kenne sie sehr gut. «Diese Erfahrungen liessen in kürzester Zeit ein sehr vertrautes Verhältnis entstehen», sagte Hürlimann der Staatsanwältin. Doch gemäss Jolanda Spiess-Hegglin hat er das alles ganz falsch verstanden.

Die Staatsanwältin spricht Spiess-Hegglin auf die Zeugen an, die gesehen hätten, wie sie sich an Hürlimann angeschmiegt habe und anhänglich gewesen sei. Doch Spiess-Hegglin will davon nichts wissen. Das stimme nicht. Einer der Zeugen, die das ausgesagt hätten, sei ihr nicht wohlgesonnen, erklärt sie dazu. Das hätten aber noch weitere Zeugen gesagt, erwidert die Staatsanwältin, deshalb habe man sie ja auch verschiedentlich fotografiert. Wiederum verneint Spiess-Hegglin, das sei nicht wahr, die Musik sei laut gewesen, deshalb hätten sie und Hürlimann die Köpfe zusammengesteckt. «Aber von Knistern kann man nicht sprechen und ich hätte nicht einmal daran gedacht, dass ich jetzt aufpassen muss.» Niemals habe sie Hürlimann am Füdli irgendwo hochgestossen, sie hätten sich auch sonst nicht berührt. Da hält ihr die Staatsanwältin das Foto vor, das sie nach der Rede von Adrian Risi im Foyer zeigt. Es ist das berühmte Bild von Charly Keiser, das der Blick veröffentlichte:

Arm in Arm lächeln die beiden in die Kamera, Spiess-Hegglin schwingt ihre Hand mit dem Weinglas Richtung Fotograf. Darauf Spiess-Hegglin: «Ja, das ist aber die einzige Berührung.»

Die Staatsanwältin fragt Spiess-Hegglin auch nach dem Foto des Fotografen Charly Werder. Zu sehen ist die Festgesellschaft, die der Rede von Adrian Risi lauscht. Nur Spiess-Hegglin blickt anstatt zum Redner direkt in die Kamera und macht das Victory-Zeichen. Darauf antwortet ihr Spiess-Hegglin: «Charly Werder hat mich in den Fokus genommen und mehrmals abgedrückt. Ich habe dann das Victory-Zeichen gemacht, weil es mich genervt hat und weil ich sein Bild irgendwo stören wollte.»

Um 23.45 Uhr, sagt die Politikerin, habe ihre Erinnerung ausgesetzt. Weder sei etwas Besonderes vorgefallen noch habe der Wein anders geschmeckt als sonst. Sie erinnert sich genau an das vorausgehende Gespräch, sie und Hürlimann hätten im Bug des Schiffs über die bevorstehenden Nationalratswahlen diskutiert und sich auf die Taktik geeinigt, dass ihre Parteien sich nicht bekämpfen würden. So könnten sie den Mitteparteien je einen Sitz wegschnappen. Darüber hätten sie gesprochen, und dann habe sie plötzlich die Stimmen von weit weg gehört, die Umgebung sei in die Ferne gerückt. Sie habe sich wie in einer Glocke gefühlt und das Gefühl gehabt, sie wäre allein. Sie habe nicht geschwitzt, es sei ihr nicht schwindelig gewesen, sie hätte einfach die Personen nicht mehr richtig erfassen können. Sie könne sich noch erinnern, wie Hürlimann ihr gesagt habe: «Gäll, mir zwei bekämpfed eus nie.» Vermutlich habe er das ja nur einmal gesagt, in ihrer Erinnerung aber immer und immer wieder: «Gäll, mir bekämpfed eus nie, gäll, mir bekämpfed eus nie.»

Danach, sagt Spiess-Hegglin, kann sie sich an nichts mehr erinnern. Nicht daran, wie sie vom Schiff ins Restaurant Schiff gingen, nicht an irgendwelche Gespräche, nicht an den Gin Tonic, den einer der Zeugen ihr noch bringt, nicht daran, dass sie mit dem Parteipräsident der SVP eng umschlungen getanzt haben soll, nicht an die Knutscherei oder dass sie in die Captain's Lounge gegangen sind. In ihrer ersten Einvernahme vom 22. Dezember hatte Spiess-Hegglin ausgesagt, sie wisse von R. H., dass Markus Hürlimann für sie beide ein Räumchen organisiert habe und sie sei dann mit ihm hochgegangen. Markus Hürlimann sagte allerdings bei seiner Einvernahme, er sei vor der Skandalnacht noch nie in der Captain's Lounge gewesen, er habe den Raum gar nicht gekannt. Auch bei der Begehung der Örtlichkeiten am 23. Dezember erkannte er nichts. Spiess-Hegglin hingegen kannte den Raum. Ihre Partei hielt dort regelmässig Sitzungen mit ihren Fraktionskollegen ab, die letzte zwei Wochen vor dem Ereignis. Sie sei aber nicht mit dem Raum vertraut und vor der Landammannfeier erst einmal dort gewesen, antwortet sie der Staatsanwaltschaft auf diesen Einwand.

Die Staatsanwältin fragt auch nach dem Erinnerungsfetzen, den sie ihr zuvor geschildert hat. Das Portal Vice wird aus der Einvernahme später mit Zustimmung von Spiess-Hegglin so zitieren: «Ein Flashback, wie ihre Psychologin ihr später erklären wird: Sie nimmt grelles Licht über sich wahr. Dann einen lauten, kurzen Knall. Sie sieht Markus Hürlimann mit entblösstem Unterkörper und erigiertem Penis in eindeutiger Handlung vor sich stehen. Sie dreht ihren Kopf zur Seite und erblickt ein zweites, hämisch grinsendes Gesicht eines Mannes, der ihr ebenfalls nicht fremd ist.» Bei diesem Erinnerungsfetzen habe sie die Situation nur wahrgenommen, sich aber «unerklärlicherweise dagegen nicht gewehrt», sagt sie der Staatsanwältin. Wenn sie sich aber nicht gewehrt hat, aus welchen Gründen auch immer, wie soll Hürlimann dann gemerkt haben, dass dies gegen ihren Willen geschehen sein soll? Gab sie irgendwann irgendwelche

Signale in diese Richtung? Oder wie hätte er erkennen sollen, dass sie widerstandsunfähig war, wenn sie sich doch beide aller Wahrscheinlichkeit nach absichtlich ruhig verhielten, als potenzielle Zeugen auftauchten? Gegen den zweiten Mann, den Spiess-Hegglin hier erwähnt, wurde ein Strafverfahren eingeleitet. Es wurde im Juni 2015 ebenfalls eingestellt. Niemand hatte den zweiten Mann hochgehen sehen, und seine Begleiter bezeugten, er sei im fraglichen Zeitraum bei ihnen gewesen.

5. Heimkehr und Sonntagmorgen

Eine besondere Rolle in der ganzen Affäre spielt Reto Spiess, der Ehemann. Er hat sich bis heute nur wenige Male öffentlich über die Angelegenheit geäussert. Im Juli 2017 gibt er watson ein ausführliches Interview, in dem er seine Sicht der Dinge schildert. Und sagt, wie er heute zu seiner Ehe steht. In diesem Interview stellt er sich zu hundert Prozent hinter seine Frau. Der Journalist fragt etwa: «Ihre Frau zieht mit ihrem guten Aussehen vermutlich auch zahlreiche sexuell motivierte Betrachter an. Trotzdem versteckt sie sich nicht. Haben Sie ihr noch nie gesagt, ‹jetzt zieh dir mal was Anständiges an, denn so werden wir die Wut-Wixer ja nie los›?» Darauf antwortet Spiess: «Diese Frage trieft nur so vor Sexismus.» Er macht deutlich: «Ich habe keinen Zweifel. Weder an meiner Frau noch an ihrer Version der Geschehnisse. Ausserdem hätte sich Jolanda keinen Rechtsaussen an der Landammannfeier geangelt.» Was er denn glaube, was passiert sei, will der Journalist wissen. «Ich verlasse mich da eigentlich auf die Ermittlungsprotokolle. Dass meine Frau an einer Landammannfeier wegen drei Gläsern Rotwein unbändige Lust auf einen Ratskollegen verspürt, halte ich allerdings für völlig absurd.» Seine abschliessende Bemerkung zur ganzen Sache ist der berührende Titel des Artikels. «Meine Liebe zu Jolanda ist eher noch stärker geworden.»

Reto Spiess wurde von der Zuger Polizei am 12. Januar 2015 einvernommen. Er erzählte Folgendes über die Nacht nach dem 20. Dezember 2014: Um etwa drei Uhr habe er Geräusche aus dem Kinderzimmer gehört. Etwa gleichzeitig habe er auch seine Frau heimkehren hören, die sich offensichtlich um die Lage im Kinderzimmer kümmerte. Er schaute nach und sah, «dass da etwas nicht stimmte.» Er habe sie gefragt: «Was ist mit dir passiert?» Und dann: «Was hast du getrunken?» Aber ihre

Antworten seien sehr kurz und einsilbig gewesen. «Sie ging nicht darauf ein, auf das, was ich von ihr wissen wollte. […] Ich hatte den Eindruck, dass sie ‹sturzbetrunken› war, und ich wollte, dass sie zuerst den Rausch ausschlafen kann.» Gegen Ende der Einvernahme hakt Hürlimanns Verteidiger nach. Denn wenn Spiess-Hegglin einen sturzbetrunkenen Eindruck gemacht hatte, wie er dies gegenüber der Polizei erwähnte, wäre es da nicht zumindest auch denkbar, dass sie tatsächlich «nur» sturzbetrunken war?

Gegen Ende der Einvernahme will Hürlimanns Anwalt wissen, wie sich Reto Spiess der K.-o.-Tropfen-Sache so sicher sein könne, wenn seine Frau in der Nacht einen «sturzbetrunkenen» Eindruck auf ihn gemacht habe. «Im Nachhinein war mir klar, dass dies mit dem ‹sturzbetrunken› nicht sein konnte», sagt er in der Einvernahme, denn dazu seien ihre motorischen Fähigkeiten auffällig einwandfrei gewesen. Der Polizeibeamte sagt in der Einvernahme auch, seine Frau habe bei ihrer Einvernahme am 22. Dezember erwähnt, sie könne sich nicht an ihre Heimkehr erinnern, aber er, ihr Ehemann, habe ihr am nächsten Morgen erzählt, sie sei «lustig» gewesen, als sie nach Hause gekommen sei. Wie er sich dazu äussere. Spiess weist auch diese Darstellung zurück: «Das habe ich ihr so nicht gesagt.» In seinem watson-Interview, das er zweieinhalb Jahre später gibt, fasst er die Sache so zusammen: «Sie wirkte nur auf den ersten Blick betrunken.» Er ist sich sicher, dass seine Frau ohne K.-o.-Tropfen weder herumgeknutscht noch weiteres getan haben kann. Dass man es ihr angetan hat.

In diesem Interview werde auch ich erwähnt. Wörtlich heisst es: «Etwas vom Schlimmsten für uns war ein Artikel im Tages-Anzeiger. Dort wurde von der warmen Redaktionsstube heraus verkündet, dass es richtige und falsche Opfer gibt. Der Titel des Artikels von Michèle Binswanger lautete: ‹Jolanda Spiess-

Hegglin schadet der Sache der Frauen.› Tenor des Kommentars: Wenn Jolanda nicht beweisen kann, dass sie K.-o.-Tropfen verabreicht bekommen hat, solle sie den Mund halten. Diese vollkommene Umkehr der Beweislast in einer Qualitätszeitung serviert zu bekommen, nahm uns förmlich den Atem. Der Schaden ist in diesem Fall noch grösser als bei einem Boulevard-Blatt. Man hat medial keine Ausweichmöglichkeit mehr ‹nach oben›.»

Nach der nächtlichen Begegnung mit seiner auf den ersten Blick «sturzbetrunkenen» Frau geht Reto Spiess ins Bad. Das Portal Vice wird später publik machen, dass dort ein Flecken erbrochener Randensalat lag. An Schlaf ist von da an für Reto Spiess nicht mehr zu denken. In regelmässigen Abständen habe er in den folgenden Stunden nach seiner Frau gesehen, berichtet er im watson-Interview.

Schon in der schlaflosen Nacht, erzählt Reto Spiess später im selben Interview, habe er über die Möglichkeit von K.-o.-Tropfen nachgedacht. Wie sonst liesse sich der Zustand seiner Frau erklären? Im Interview sagt er, dass sie ihm dann den Verlauf des Abends geschildert habe. Spiess-Hegglin bezieht sich in ihrer Einvernahme ebenfalls auf dieses Gespräch über den K.-o.-Tropfen-Verdacht und erwähnt, dass er dann joggen gegangen und ihr vorher noch gesagt habe, sie solle keine Spuren verwischen, falls es sich um ein Sexualdelikt handeln würde.

Doch sobald ihr Mann weg ist, lässt sie sich ein Bad ein, nicht ohne sich zuvor im Internet über die Materie K.-o.-Tropfen zu informieren. Das Portal Vice berichtet später: «Sie will klare Gedanken fassen. Deshalb lässt sie sich wie jeden Sonntag ein Bad einlaufen. Sie taucht ab, lässt ihren Gedanken freien Lauf.» Wie so oft lässt sich Spiess-Hegglin von gutem Rat nicht beeindrucken und hält sich nicht an das, was eine sorgfältige Spurensicherung nahelegen würde. Laut Vice kommt ihr dann im Bad der Erinnerungsfetzen mit Markus Hürlimann in eindeutiger Pose. So erzählt sie es am Montag der Polizei. So wird sie es später der Staatsanwältin erzählen.

Nach der Einvernahme von Reto Spiess beschwert sich Spiess-Hegglins Rechtsanwalt Zimmerli bei der Staatsanwältin, der Polizeibeamte sei voreingenommen gewesen. Dies zeige sich daran, wie er nachgebohrt habe. Er habe Reto Spiess gefragt, warum alle Medien Bescheid gewusst hätten über manche Ereignisse des Abends, er aber nicht. Ob seine Frau ihm denn nicht alles erzählt habe. Zudem habe der Polizeibeamte angefügt: Er selbst würde eine Ohrfeige kassieren, wenn er um diese Uhrzeit total betrunken nach Hause käme und etwas von Filmriss erzählte. «Dem Zeugen wurde mithin impliziert, dass ein für ihn als Ehegatten inakzeptables Verhalten seiner Ehefrau vorliege», tadelt Zimmerli in seinem Schreiben.

Nachdem Spiess-Hegglin ihrem Mann am Sonntagmorgen nach der Landammannfeier den Verlauf des Abends geschildert hat, verdichtet sich bei den beiden die Überzeugung, dass sich die Geschichte nur mit K.-o.-Tropfen erklären lässt. Reto Spiess in seiner Einvernahme: «Nah dis nah hatten wir Verdächte. In der Nacht motorisch gut, am Morgen keine Katererscheinungen. Wenn man so betrunken war, dass man sein Bewusstsein so verliert, müsste man Folgeerscheinungen haben am nächsten Tag.» Da Spiess-Hegglin auch Unterleibsschmerzen spürte, seien sie zum Schluss gekommen, dass man das besser im Spital abklären würde. Sie habe ein grosses Interesse gehabt, dass man das aufkläre, sagt sie bis heute. Für sie sei klar gewesen, dass sexueller Missbrauch stattgefunden habe.

Um 8.50 Uhr schickt Jolanda Spiess-Hegglin eine WhatsApp-Nachricht an R. H., einen Freund der Familie, das zeigt die Auswertung ihres Mobiltelefons im Verfahren. Er war am Vorabend bis zum Schluss auf der Party dabei gewesen. In der

Nachricht spricht sie bereits von einem «Filmriss».

Eine Stunde später wählt sie zum ersten Mal die Nummer des Zuger Kantonsspitals, 2.45 Minuten dauert das Gespräch. Im Spital angekommen, wird sie zuerst an den Notfallarzt verwiesen. Sie sagt ihm, sie vermute, Opfer eines sexuellen Delikts geworden zu sein und möchte sich deshalb untersuchen lassen. Er sagt ihr, er sei nicht für solche Fälle eingerichtet, dafür müsse sie in die gynäkologische Abteilung. Warum Spiess-Hegglin nicht auf eine unmittelbare Blut- und Urinabnahme besteht, ist unklar. Schliesslich muss sie wissen, dass Zeit in solchen Fällen ein kritischer Faktor sein kann. In ihrer Einvernahme sagt sie, der Notfallarzt habe ihr mitgeteilt, dass es für den Nachweis von K.-o.-Tropfen sowieso schon zu spät sei. Das Spital selbst äussert sich nicht zur Angelegenheit.

Laut dem Bericht des Zuger Kantonsspitals wird sie um ca. 12.00 Uhr der Frauenklinik zugewiesen. Man lässt der Patientin ausrichten, sie solle nicht duschen und die Kleidung mitbringen, die sie am fraglichen Abend getragen hat. Um 14.00 Uhr taucht sie im gynäkologischen Ambulatorium auf, allein. Um 16.50 Uhr wird sie untersucht, es gibt eine Spurensicherung am Körper: Abstriche der Mundschleimhaut und Asservate für DNA-Spuren. Als Ereigniszeitpunkt ist im Protokoll angegeben: 00.15 Uhr, Ereignisort: Panoramabar. Unter psychischer Zustand ist vermerkt: gut. Als mutmasslicher Täter ist verzeichnet: Markus Hürlimann und der zweite Mann. Um 18.50 Uhr nimmt man ihr Blut und Urin ab. Um 19.00 Uhr ist die Untersuchung beendet. Dazwischen telefoniert Spiess-Hegglin laut der Auswertung ihres Mobiltelefons verschiedentlich mit Personen aus ihrem Umfeld. Zwei Monate später wird sie gegenüber der Weltwoche dem Kantonsspital schwere Vorwürfe machen. Sie kritisiert, die Blutentnahme sei viel zu spät erfolgt, um K.-o.-Tropfen nachweisen zu können. Am Montag habe sie zudem nochmals antraben müssen, weil Fehler gemacht worden seien. So musste das Spital nochmals Mundschleimhaut-Abstriche nehmen und Fotos nachholen, weil bei den ersten Aufnahmen keine SD-Karte in der Kamera war.

Aus dem Gesamtbild der Akten ergeben sich einige Fragen. Wenn Jolanda Spiess-Hegglin auf dem Schiff noch so klar im Kopf war, warum sagen dann die meisten Zeugen, sie und Hürlimann seien zu diesem Zeitpunkt bereits auffällig nahe gewesen? Warum kann sie sich daran nicht erinnern, wenn sie doch nach eigenen Angaben völlig klar im Kopf war? Und wenn sie selbst glaubte, Opfer eines Sexualdelikts geworden zu sein, warum nahm sie dann am Sonntagmorgen erst ein Bad? Warum verschwieg sie, dass sie Hürlimann nicht nur verdächtigt, sondern in ihrer Privatklage, mit der sie sich am Strafverfahren beteiligte, ausdrücklich als Beschuldigten bezeichnet hatte? Warum behauptet sie, das Spital habe die Meldung gegen ihren Willen gemacht, während die Ärztin bei der Polizei angab, Spiess-Hegglin sei einverstanden? Warum behauptet sie über ihren Sprecher weiter, das Spital habe Unterleibsverletzungen festgestellt, wenn das doch nicht der Fall war? Im weiteren Bericht des Spitals an die Staatsanwaltschaft gibt es zudem keine weiteren Hinweise auf Gewaltanwendung oder ein Trauma durch ein Sexualdelikt. Dort steht über die vorgenommene Untersuchung: «Keine Schiebe- oder Hebeschmerzen der Gebärmutter.»

Im weiteren Verlauf der Geschehnisse wird das relevant werden, denn Spiess-Hegglin wird Gebärmutterschmerzen öffentlich als Argument einsetzen, und bis heute macht sie immer wieder intimste Details der Unterleibsuntersuchung bekannt, um ihre Version der Geschichte zu untermauern. Zudem wird eine Journalistin diese Befunde «falsch lesen» und aus ihrer falschen Lektüre schliessen, es wäre auch zu analem Verkehr gekommen. Eine anale Vergewaltigung also. Auch das wird der Öffentlichkeit als Tatsache verkauft werden.

Das Spurenbild jener DNA, die man noch bei Spiess-Hegglin sichern konnte, bleibt vage. Das ist auch nicht besonders erstaunlich angesichts der Tatsache, dass sie frisch gebadet im Spital aufkreuzte. Im Intimbereich gibt es geringe Spuren einer DNA, die mit dem Profil von Hürlimann übereinstimmt, sodass er laut den Rechtsmedizinern als Spurengeber «nicht ausgeschlossen» werden kann. Auf dem Slip lässt sich von drei Proben genau ein Spermakopf nachweisen, eine zu geringe Spur für einen DNA-Nachweis. Am linken Bändel von Jolanda Spiess-Hegglins Unterhose finden sich Hürlimanns DNA-Spuren. Am rechten Bändel wird ein männliches Mischprofil gefunden. Unter ihren Fingernägeln gibt es keine DNA-Spuren von Hürlimann, aber es findet sich wiederum ein männliches Mischprofil, das nicht weiter untersucht wird. Auch nicht, ob es etwa von ihrem Mann oder Sohn stammen könnte. Auch aus diesen Mischprofilen wird dieselbe Journalistin ein «juristisches Versagen» konstruieren, eine wichtige Spur, der man nicht nachgegangen sei.

Mit mir oder gegen mich

Netzwerke zu bilden und damit die öffentliche Meinung zu beeinflussen, ist heute einfacher denn je. Mit emotional aufgeladenen Themen wie Sexismus und Diskriminierung lassen sich leicht Unterstützerinnen und Unterstützer mobilisieren. Das galt bereits im Jahr 2015 und hat sich seither noch verschärft. Nicht nur gibt es ein gutes Gefühl, sich online für die vermeintlich gute Sache zu engagieren, man bekommt viel Zuspruch und ist Teil einer virtuellen Gemeinschaft – ohne sich mit echten Menschen auseinandersetzen zu müssen. Solche Gruppen folgen tribalistischen Dynamiken: Dazu gehört es, sich gegenseitig in den Überzeugungen zu bestärken, welche die Gruppe konstituieren, aber auch dasselbe abzulehnen und gemeinsame Feinde zu attackieren. Der Lohn dafür ist das Wohlgefühl, auf der richtigen Seite zu stehen und sich für das moralisch Richtige einzusetzen.

Spiess-Hegglin erkannte diese Dynamiken schon früh und machte sie sich geschickt zunutze. Gerade wenn es um Emotionen und moralische Intuitionen geht, lässt die Masse sich leicht mit einfachen Empörungsmustern triggern, und Spiess-Hegglin erwies sich darin als Meisterin. Sie schimpfte auf die Medien, die ihr nicht gewogen waren, auf einzelne Journalisten, auf ihre Hater und angeblichen Stalker. Sie prangerte Sexismus, Rassismus und die SVP an. Und ihre Unterstützerinnen und Unterstützer gingen mit, weil sie hier eine Frau sahen, eine verzweifelte, wütende, um ihre Glaubwürdigkeit kämpfende Frau, die ein Opfer war. Und zwar eines, das nicht aufgegeben, sondern sich zurückgekämpft hat. Sie verwandelte sich von einer Hassin eine Heilsfigur.

In den Wochen und Monaten nach der Landammannfeier geht es Jolanda Spiess-Hegglin schlecht. Sie glaubt fest, Opfer eines Sexualdelikts geworden zu sein, glaubt, jemand habe sie mit einer Substanz betäubt und dann geschändet. Und sie kann sich an das eigentliche Geschehen nicht erinnern. Das hat psychische Folgen. Sie habe unter Depressionen und Schlafstörungen gelitten, unter Gedankenkreisen und Gewichtsverlust, erzählt sie Journalisten. Seit dem Ereignis ist für sie alles aus dem Lot. Sie kann nicht aufhören, darüber nachzudenken, zieht sich sozial zurück und äussert Ängste, anderen Menschen zu begegnen. Eine Psychologin attestiert ihr eine posttraumatische Belastungsstörung. Auch damit geht sie an die Öffentlichkeit. Gleichzeitig lernt sie in der Therapie Strategien, mit ihren Ängsten umzugehen und «Vermeidungsverhalten abzubauen», wie es im Fachjargon heisst. Und so erholt die Politikerin sich schliesslich erstaunlich schnell von ihren gesundheitlichen Problemen. Schon im Juni hat sie sich mehrheitlich wieder gefasst und neues Selbstwertgefühl entwickelt, kann wieder Kantonsratssitzungen besuchen und gewisse Situationen geniessen. Auch das erzählt sie Journalisten.

In dieser Zeit passiert noch etwas anderes. Spiess-Hegglin beginnt, ihre Strategie im Umgang mit den sozialen Medien bewusst zu ändern. Das geht aus Äusserungen hervor, die sie später gegenüber der WOZ macht: «Der Wendepunkt kam im April [2015] nach einer längeren Auszeit», heisst es im Artikel vom August 2016. «In jener Zeit entschied sie sich, im Umgang mit diesen Leuten einen neuen Weg einzuschlagen. Sie begann, die Hasskommentare zu archivieren und Informationen über die Absender zu sammeln. […] Auf Facebook habe sie sich beispielsweise Fake-Profile zugelegt, um so Einblicke in frauenfeindliche oder rassistische Gruppen zu erhalten, in denen mehrere Absender von Hassbotschaften aktiv sind.» Damit hat sie den Weg eingeschlagen, der sie auch zu ihrer künftigen Lebensaufgabe als Kämpferin gegen Hass im Netz führen wird. Und ihr Weg zurück in die Gesellschaft werden wird.

Spiess-Hegglins kommunikativer Geniestreich bestand darin, den Fokus weg von der Landammannfeier zu lenken und damit weg vom Fall mit der für sie sehr dünnen Beweislage. Stattdessen richtete sie ihn auf den anderen Fall mit den glasklaren Beweisen: die Beschimpfungen, die sie in den sozialen Medien über sich ergehen lassen musste. Sie entwickelte die Strategie, jeden Fehler der Gegenseite zu verfolgen und lautstark, oft auch öffentlich zu ahnden. Ihr Opferstatus diente dabei als Ressource, um starke Gefühle zu wecken. Was sie wiederum in den sozialen Medien gezielt nutzte, um für ihre eigene Sache zu werben. Und ihre Argumente, eben Opfer gezielter Cyber-Attacken zu sein, waren stark. Am Ende interessierte die Frage, was genau passiert war, kaum mehr.

Für den guten Zweck setzte Spiess-Hegglin von Anfang an Mittel ein, die nicht eben als heilig bezeichnet werden können. Oder besonders sauber. So wird von Beobachtern und Weggefährten immer wieder ihr Einsatz von Fake-Profilen kritisiert. In einem Interview gibt sie offen zu, einen Bot (Roboter) mitentwickelt zu haben, mit dem man auf Twitter Personen «schnell und unkompliziert [...] einem kleinen Shitstorm» aussetzen kann. Generell hat sie begriffen, dass man in sozialen Netzwerken mit sehr wenig Aufwand leicht ziemlich viel Lärm erzeugt und sie das perfekte Vehikel sind, um die öffentliche Meinung zu beeinflussen. Denn soziale Medien beeinflussen klassische Medien, sie sind bei Kommunikationsleuten, Politikern und Journalisten beliebt. Unter falschem Namen infiltriert Spiess-Hegglin nicht nur die von ihr so verabscheuten «rechten Netzwerke». Sie versucht sich gezielt nicht nur ihren Gegnern, sondern auch jenen zu nähern, die sie glaubt, auf ihre Seite ziehen

169

zu können. Und das gelingt ihr, Stück für Stück.

Das bekommen auch die Schwestern von Markus Hürlimann zu spüren. Der Einsatz von Fake-Profilen und mehreren Identitäten im Internet ist nicht verboten, aber die Schwestern sind irritiert. Seit dem Skandal werden sie auf Facebook immer wieder von Profilen angegangen, hinter denen sie Jolanda Spiess-Hegglin vermuten. Besonders aufdringlich verhält sich eine Person namens Michèle Beer. Wiederholt versucht jemand unter diesem Namen Helen Hürlimann auf Facebook anzufreunden, zunächst erfolglos. Hürlimanns Schwester vernetzt sich nur mit Leuten, die sie persönlich kennt. Doch Beer gibt nicht auf, und als sie immer wieder vorstellig wird, erkundigt sich Helen, ob man sich etwa kenne. Es sei ihr aufgefallen, dass Beer alle Kommentare pro Spiess-Hegglin like, ob sie vielleicht selbst Jolanda sei. Beer antwortet:

«hallo helen, nein :-), sie ist aber eine kollegin von mir von früher, ich selbst komme aus der ostschweiz. wir sind politisch weit auseinander, aber eben, ich mag sie persönlich. ich bin nicht oft auf fb, möchte aber gerade in dieser geschichte etwas klarheit bekommen. sage auch ab und zu irgendwelchen proleten meine meinung, weil ich von ihr weiss, dass das meiste, was die presse schrieb, nicht stimmt. […] markus hatte ambitionen für mehr, jolanda auch. unterschätze die missgunst der leute nicht.»

«Michèle Beer» versucht es auch bei einer zweiten Schwester Hürlimanns. Unter ihrem richtigen Namen geht Spiess-Hegglin diese andere Schwester auf Facebook an: «Amüsant, wie sich hier plötzlich die Verwandtschaft von HüMa einschaltet», schreibt sie. Gleichzeitig versucht «Michèle Beer» diese zweite Schwester ebenfalls auf Facebook in ein Gespräch zu verwickeln. Diese bleibt skeptisch und zweifelt noch mehr, als Beer behauptet, sie kenne Hürlimann. Ihr Bruder kenne keine Beer, schreibt sie und bittet Beer, sich zu erklären. Diese antwortet (unkorrigiertes Zitat):

«hallo X. ich heisse auch anders und bin im übrigen männlich, damit das nicht auffält. ich bin kein ur-zuger aber in politischen kreisen oft dabei. ich kenne neben markus auch jolanda, aber nicht von der politik her. ich sehe aber auch ein bisschen ins ‹system svp› rein und bin mir sicher, dass diese ‹affäre› wenn mann sie den so nennen will von markus konkurrenz organisiert wurde. wie ist deine meinung? was denkt markus darüber? jolanda habe ich vor 2monaten getroffen, sie sieht das genauso. gruss m.»

Dass hinter dem Account «Michèle Beer» Spiess-Hegglin selbst steckt, geht aus Äusserungen ihres ehemaligen Beraters Valentin Vieli hervor, ein ehemaliger Sportjournalist und Jurist. Auch er hatte im Jahr 2015 ein paar Leserkommentare zur Causa Spiess-Hegglin geschrieben, als er ebenfalls von einer «Michèle Beer» – Profilbild ein einzelnes blaues Auge – eine Freundschaftsanfrage bekam. Auch Vieli teilte Beer mit, er nehme nur Anfragen an von Leuten, die er kenne. Doch die Person hinter dem Profil war freundlich, neugierig und verständnisvoll. Irgendwann gab Beer sich dann als Jolanda Spiess-Hegglin zu erkennen. Auch Vieli wird sich mit der Politikerin anfreunden, ihr sein juristisches Fachwissen anbieten. Auch sie werden sich später überwerfen. Auf Anfrage für dieses Buch, ob er seine Angaben zu Michèle Beer alias Jolanda Spiess-Hegglin bestätigen könne, antwortet Vieli, nein, es sei ihm untersagt, irgendetwas dazu zu sagen. Seit mehreren Jahren gilt für ihn ein zeitlich unbeschränktes Verbot des Kantonsgerichts Zug, Äusserungen über Spiess-Hegglin zu machen. Dasselbe gilt auch umgekehrt, sodass auch sie sich, unter Strafandrohung, nicht mehr über ihn äussern darf.

Eine Zeit lang arbeiten Spiess-Hegglin und Vieli zusammen.

Er gibt ihr rechtliche Ratschläge, warnt sie vor ihrer riskanten Social-Media-Strategie und verteidigt sie in der Öffentlichkeit. Gemäss Blick beginnen die Differenzen zwischen den beiden im März 2016 nach ihrem Auftritt in der Sendung Schawinski. Im Vorfeld der Sendung ist es zum öffentlichen Disput zwischen Spiess-Hegglin und dem Talkmaster gekommen. Schawinskis Team kommunizierte den Medien, Spiess-Hegglin habe sofort zugesagt für die Sendung. Sie geht ebenfalls an die Öffentlichkeit und bestreitet diese Aussage als «krasse Lüge», wobei es Vieli ist, der das als «ihr Anwalt» den Medien übermittelt und der auch so zitiert wird.

Die Sendung kommt trotzdem zustande und Schawinski will von Spiess-Hegglin wissen, ob sie süchtig nach Medienaufmerksamkeit sei. Sie entgegnet dem Talkmaster: «Sie sind kein Sexist, aber ein Schwafli», womit sie seine Behauptung der sofortigen Zusage entkräften will. Schawinski kontert live in der Sendung, indem er die Mail vorlegt, mit der Spiess-Hegglin zugesagt hat. Sie war drei Tage nach seiner Einladung im Januar erfolgt. Diese öffentliche Desavouierung ist der Moment, da Vieli genug hat. «Sie hat gelogen. Da reichte es mir und ich legte das Mandat nieder», sagt Vieli im Blick. Seither bezeichnet Spiess-Hegglin ihn als Hater und Stalker und hat zahlreiche Strafanträge gegen ihn eingereicht. Unter Stalking versteht Spiess-Hegglin aber nicht versuchte Kontaktnahmen, wie das in der Regel beim Stalking der Fall ist. Vielmehr wirft sie Vieli vor, dass er sich anonym und ständig über sie im Internet äussere.

Auch dies ist ein Muster bei Spiess-Hegglin: Immer wieder findet sie Menschen, die ihr Gehör schenken, empathisch sind, sie unterstützen und sich für sie einsetzen. Und zwar oft auch solche, die zunächst skeptisch gegenüber ihrer Person sind. Während der Recherche zu diesem Text meldete sich etwa wiederholt ein Mann, der von ihr angezeigt worden war, weil er sie in den sozialen Medien beschimpft hatte. Bei der Verhandlung zeigte sich Spiess-Hegglin ihm gegenüber gnädig, sie habe ihn einmal sogar spontan umarmt, schreibt dieser Mann. Seither ist er hin und her gerissen. Einerseits hat er Mitgefühl, doch dann meldet er sich wieder mit Hinweisen, wo die Ex-Politikerin sich seiner Ansicht nach uneinsichtig, manipulativ und rachsüchtig verhalten habe. Er gibt jeweils seiner Empörung über dieses Verhalten Ausdruck, nur um sich in einer nächsten Mail wieder für sie einzusetzen. Weil sie doch eine so tolle, starke Frau sei.

In tribalistisch funktionierenden Gruppen gibt es nur eines, was schlimmer ist als der Feind. Und das ist der Verräter – oder vermeintliche Verräter. Jener, der sich über die in der gemeinsamen Moral begründeten Glaubenssätze hinwegsetzt. Der nicht voll an Bord ist. Spiess-Hegglin sortiert ihr Umfeld gnadenlos nach Freunden und Feinden aus. Und so kommt es auch im näheren Lager von Spiess-Hegglin immer wieder zu Zerwürfnissen. Ein Journalist und ehemaliger Weggefährte zu ihrer Zeit als Journalistin bei Radio Pilatus schildert es so: «Wer sie kritisiert, ist raus. Und wer sich nicht so verhält, wie sie will, der wird im Handumdrehen zum Feind.» Er möchte nicht namentlich genannt werden, weil er genau weiss, was das bedeutet. Nämlich zum Ziel einer gnadenlosen und machtvollen Diskreditierungskampagne zu werden. Die Analyse des ehemaligen Weggefährten bestätigen viele andere, die mit ihr zu tun hatten, sowohl persönliche Freunde und Mitstreiter wie auch Journalisten. Und sie hat sich Ende Oktober 2022 erneut als wahr erwiesen, als langjährige Mitglieder des Vereins #Netzcourage öffentlich diskreditiert und ausgeschlossen wurden, weil sie es offenbar gewagt hatten, intern Kritik an der Geschäftsführerin zu äussern.

Ihr unablässiges Lobbying in eigener Sache beschert ihr aber immer neue Freunde: Politiker, Feministinnen und Aktivistinnen, die sich solidarisieren und Druck auf die Medien ausüben. Man müsse einem Opfer wie ihr glauben. Über die Jahre wird es Spiess-Hegglin gelingen, auch zahlreiche Journalisten auf ihre Seite zu ziehen. Zwar dauert das Monate, ja Jahre, aber nach und nach schafft sie es, die öffentliche Meinung umzudrehen und die Prämisse zu installieren, dass der Opferstatus von Jolanda Spiess-Hegglin nicht hinterfragt werden darf. Denn was tatsächlich an der Landammannfeier geschehen sei, werde man nie herausfinden. Aber was danach mit ihr passiert ist, sei eine Schweinerei. Fragen erübrigen sich.

Der Nachtragsbericht

Nach mehr als vier Monaten Untersuchung und einer ebenso langen Medienschlacht erscheint am 30. April 2015 der 20-seitige Nachtragsbericht der Zuger Polizei. Darin ist der Stand der Ermittlungen festgehalten – besonders weit ist man trotz intensiver Untersuchung nicht gekommen. Es hat sich kein Tatverdacht erhärtet, der eine Anklage rechtfertigen würde. Es ist nicht erstellt, ob es überhaupt zu sexuellen Handlungen im strafrechtlichen Sinn gekommen ist. Es ist auch nicht erstellt, ob das Opfer handlungs- oder widerstandsunfähig war. Hingegen berichten die Zeugen übereinstimmend von einer freiwilligen Annäherung der beiden im Vorfeld des mutmasslichen Übergriffs. Die Zuger Staatsanwaltschaft hatte schon früher über ihren Sprecher Marcel Schlatter gegenüber der Zuger Zeitung verlauten lassen, dass die vorübergehende Festnahme des SVP-Politikers sich «allein auf den von Jolanda Spiess-Hegglin geäusserten Verdacht auf Schändung und die Verabreichung von K.-o.-Tropfen» beruhte.

So weit, so zutreffend. Doch die Affäre ist längst zum erbitterten Kampf um Deutungshoheit in den Medien ausgeartet. Spiess-Hegglin scheint der Öffentlichkeit um jeden Preis beweisen zu wollen, dass sie keinen Ehebruch begangen hat. Dass sie geschändet wurde. Und sie ist bereit, alles zu unternehmen, um diese Interpretation des fraglichen Abends durchzusetzen.

Nach der öffentlichen Äusserung des Sprechers Schlatter meldet sich ihr Anwalt Zimmerli telefonisch bei der Zuger Staatsanwaltschaft und beschwert sich über dessen Inhalt. Mit der Information, dass Hürlimann einzig auf den Verdacht der Grünen-Politikerin hin festgenommen worden sei, habe die

Staatsanwaltschaft das Amtsgeheimnis verletzt, so Zimmerli gemäss einer Aktennotiz. Staatsanwältin Martina Weber erwidert darauf, dies entspreche nun mal den Tatsachen. Das möge sein, antwortet Zimmerli, aber das habe so bislang niemand gewusst. Damit gibt er preis, worum es ihm geht. Nicht um den Sachverhalt selbst, sondern darum, was die Öffentlichkeit über die Sache denkt. Was dadurch beeinflusst wird, was sie erfährt – oder eben nicht. Und offensichtlich soll die Öffentlichkeit nicht erfahren, dass es keine objektiven Hinweise auf K.-o.-Tropfen und auch keine auf eine mögliche Täterschaft Hürlimanns gab. Es gab nur Spiess-Hegglins K.-o.-Tropfen-Verdacht.

Spiess-Hegglin scheint der Nachtragsbericht von Ende April keine Ruhe zu lassen. Ihr weiterer Umgang mit diesem Bericht ist ein schönes Beispiel für den proaktiven und angriffigen Stil ihrer Kommunikation. Zweieinhalb Monate nach seinem Erscheinen ruft sie selbst bei der Staatsanwaltschaft an und beschwert sich, wie eine weitere Aktennotiz belegt. Der Nachtragsbericht sei einseitig, nur die «grusigen» Sachen seien dort festgehalten, nicht aber die «entlastenden Aussagen» von zwei Regierungsräten. Was seltsam ist, denn wenn jemand «entlastet» werden soll, dann doch der Täter und nicht das mutmassliche Opfer. Sie bemängelt noch etwas anderes. Auch ihr gynäkologischer Befund, ihre Gebärmuttersenkung, die ihr spontanen Sex verunmögliche, sei nicht kommuniziert worden. Oder dass man Erbrochenes in der Captain's Lounge gefunden habe. Sie sieht darin ebenfalls ein «entlastendes» Indiz, dass der Sexualkontakt nicht einvernehmlich gewesen sein kann.

Dann kritisiert sie auch die Medienarbeit der Staatsanwaltschaft. Der Shitstorm sei ja erst losgegangen, als die Behörden das Haaranalyse-Resultat verkündet und gleichzeitig gesagt hätten, die Anwendung von K.-o.-Tropfen könne ausgeschlossen werden. Das muss die Staatsanwaltschaft besonders nerven. Schliesslich hatte sie von Anfang an nur sehr zurückhaltend kommuniziert und wenn, dann vor allem, um Falschdarstellungen in den Medien zu korrigieren. Das sagt auch Judith Aklin, damals bereits Kommunikationsverantwortliche bei der Zuger Polizei. Aktenkundig ist auch, wie die Staatsanwaltschaft sowohl Hürlimann wie auch Spiess-Hegglin für ihr Verhalten gegenüber Journalisten rügte und mehr Zurückhaltung verlangte.

Spiess-Hegglin fragt Staatsanwältin Weber beim Telefonat im Juli, wie es denn jetzt weitergehe. Diese antwortet, sofern das neuerliche toxikologische Gutachten nichts ergebe, werde die Untersuchung voraussichtlich eingestellt. Dagegen könne Spiess-Hegglin dann Rechtsmittel ergreifen. Von einer allfälligen Gerichtsverhandlung aber, gibt die Staatsanwältin zu bedenken, würde auch die Presse berichten, und die liesse sich kaum kontrollieren. Und dann würde auch nicht zwingend sie, Spiess-Hegglin, als «Gewinnerin» hervorgehen, vermerkt die Aktennotiz zu diesem Gespräch. Wann, will Spiess-Hegglin nun von Weber wissen, werde die Staatsanwaltschaft denn kommunizieren, dass man DNA von Hürlimann bei ihr gefunden habe? Und dass ihr spontaner Sex aufgrund ihres gynäkologischen Befunds unmöglich sei? Weber erklärt, dass man aufgrund des Amtsgeheimnisses solche Details nicht kommuniziere. Sie beabsichtige nicht, Spiess-Hegglins Körperbau öffentlich zu diskutieren, sagt die Staatsanwältin. Und hält abschliessend fest: «Spiess ist sehr nett und bedankt sich denn auch für das klärende Gespräch. Sie wolle uns mit Sicherheit keinen Vorwurf machen.»

Die Sache mit der Gebärmutter

Nachdem die Staatsanwaltschaft sich der Sache mit Spiess-Hegglins Gebärmutter nicht annehmen will, tut die Politikerin es selbst. Zunächst meldet sie sich über den People-Reporter Sacha Ercolani von CH Media. Sie will der Öffentlichkeit mitteilen, wie es ihr geht. «Ich hatte eine mittelschwere Depression, eine sogenannte posttraumatische Belastungsstörung», sagt sie dem Journalisten. Sie habe zehn Kilogramm Gewicht verloren durch die ganze Belastung. Es werde einem etwas Schlimmes angetan, und dann soll man auch noch selbst schuld sein oder es erfunden haben, heisst es im Bericht. «Durch die Hetzjagd bestimmter Kreise und der Boulevardmedien wurde ich ein zweites Mal traumatisiert.»

Für die Diskussion intimerer Details ihres Körperbaus geht sie dann aber zu ihrem Lieblingsfeind, dem Boulevardblatt Blick. Noch hat niemand über ihre anatomischen Besonderheiten geschrieben – und es hat auch niemand nähere Details dazu veröffentlicht, welche sexuellen Handlungen in jener Nacht ganz genau vorgefallen sein sollen. Das wird Spiess-Hegglin nun ändern. Insbesondere zwei Details werden zu reden geben: die Sache mit der Gebärmuttersenkung und ihre Schmerzen im Analbereich. Bald werden diese als Tatsache vermeldet werden.

Am 6. August teilt man Hürlimann und Spiess-Hegglin mit, das Strafverfahren werde eingestellt. Die Parteien erhalten bis zum 20. August Zeit, um noch «allfällige Beweisanträge» einzureichen. Zu dieser Zeit landet in der Mailbox von Markus Hürlimann eine Anfrage des Blick-Journalisten Niklaus Wächter. Darin heisst es: «Sehr geehrter Herr Hürlimann: Dem

‹SonntagsBlick› liegen Dokumente mit sehr eindeutigen Unter-
suchungsergebnissen vor. Es geht um nachweislichen Geschlechtsverkehr, vaginal und anal mit Frau Hegglin-Spiess. Es
wäre nur zu Ihrem Vorteil, wenn Sie dazu Stellung nehmen
würden. Es geht um Ihre öffentliche und offensichtlich unwahre Behauptung, nur fremdgeküsst zu haben.» Welche
Dokumente Wächter zitiert, wenn er von «nachweislichem
Geschlechtsverkehr» schreibt, ist unklar. In den Akten findet
sich kein solcher Beleg, auch keiner zum angeblichen analen
Verkehr. Leider wollte sich Ringier auch zu dieser Frage nicht
äussern.

Hürlimann lehnt ein Gespräch mit dem Blick-Journalisten ab.
Jolanda Spiess-Hegglin hingegen kommt in einem Artikel vom
15. August zu Wort. Dort äussert sie sich über ihre sexuellen
Vorlieben und Abneigungen. «Ich würde nie an einem solchen
Anlass Sex haben. Hürlimann ist zudem nicht mein Typ», ver-
traut sie den Journalisten an. Sie spricht auch von ihrem
Erinnerungsflash, das wohl andeuten soll, dass sie Opfer von
sexuellem Missbrauch durch Hürlimann geworden sei: «Am
Tag nach dem Übergriff kam ein Bild wieder in mir hoch –
Markus Hürlimann in eindeutiger Pose.» Am nächsten Tag
wird nachgelegt: Um ihre Darstellung zu untermauern, verrät
sie im SonntagsBlick vom 16. August erstmals öffentlich ihre
Diagnose Gebärmuttersenkung, ein Leiden, das ihr spontanen
Sex verunmögliche. Mit dieser Disposition könne sie «nicht mal
an ein solches Abenteuer denken». Was diese Aussage genau
beweisen soll, weiss nur sie selbst. Welchen journalistischen
Wert eine solche Offenbarung hat, bleibt das Geheimnis des
SonntagsBlick. Tatsache ist, dass ihre Gebärmuttersenkung und
die damit verbundenen Schmerzen bei ihrem Spitalbesuch am
Sonntagmorgen noch kein Thema waren, wie sich dem
Untersuchungsbericht des Spitals entnehmen lässt. Nach dem

SonntagsBlick-Artikel weiss die interessierte Öffentlichkeit nun also auch über dieses intime Detail Bescheid. Eine Woche später zitiert der SonntagsBlick wiederum exklusiv Spiess-Hegglin: «Ich habe mehrere Hundert Zuschriften erhalten. Die allermeisten waren sehr positiv.» Und die Zeitung macht bekannt, Spiess-Hegglin habe unterdessen bei der Staatsanwaltschaft neue Beweisanträge gestellt, was die Untersuchung nun hinauszögere.

Spiess-Hegglin stellt diesen Sachverhalt im Verfahren um dieses Buch anders dar. Bevor der Artikel über ihr gynäkologisches Leiden erschien, habe es am 14. August vormittags bei ihr zu Hause geklingelt. Vor der Tür sei eine Blick-Reporterin gestanden, hochschwanger und bewaffnet mit einem Notizblock. Diese habe Fragen zur DNA-Analyse gestellt und unaufgefordert Spiess-Hegglins Wohnung betreten. «Unter dem Druck der Ereignisse und einer Journalistin, die sie mit Fragen bedrängte» habe Spiess-Hegglin dann zu sprechen begonnen. Dabei scheint die Schwangerschaft der Frau für Spiess-Hegglin eine bedeutende Rolle gespielt zu haben. Zumindest vermutet ihre Anwältin Rena Zulauf, die die Ereignisse im Jahr 2020 so dem Zuger Kantonsgericht schilderte, es müsse sich dabei um einen fiesen Trick Ringiers gehandelt haben. «Eine Begegnung ‹unter Müttern› würde Spiess-Hegglin sicherlich vertrauenswürdig erscheinen und sie zum Reden veranlassen», so der vermutete Plan. Falls es tatsächlich ein Trick war, funktionierte er, denn Spiess-Hegglin redete. Schon zuvor hatte sie gegenüber anderen Journalisten über ihre Gebärmutter geredet, aber keiner hatte sich dafür gehalten, darüber auch zu schreiben. Anders der SonntagsBlick. Und so konnte die Nation im August 2015 Details zu Spiess-Hegglins Körperbau, ihrem ehelichen Geschlechtsverkehr und ihren sexuellen Vorlieben le-

sen. Jetzt im Nachhinein gibt Spiess-Hegglin laut ihrer Anwältin zu, sie hätte lieber geschwiegen.

«Zum Abschluss neue Beschuldigungen»

Am 27. August, acht Monate nach dem Beginn der Ermittlungen, stellt die Zuger Staatsanwaltschaft die Untersuchung offiziell ein. Laut Bundesgericht kann die Einstellung eines Strafverfahrens nur bei «klarer Straflosigkeit» erfolgen. Damit ist Markus Hürlimann nun offiziell unschuldig.

Nun ist endlich sein Moment gekommen. Nach all diesen Monaten des Schweigens und Einsteckens kann er die Sache ins rechte Licht rücken. Sich von den ungerechtfertigten Vorwürfen reinwaschen, seine eigene Wahrheit erzählen. Am 1. September hält Hürlimann eine Pressekonferenz ab, gerüstet mit allen «Fakten gemäss Verfahrensakten», die ihm zur Verfügung stehen. Er will beweisen, dass ihm durch die Missachtung der Unschuldsvermutung ein gigantisches Unrecht widerfahren ist. Er will seine arg gebeutelte Reputation wiederherstellen. Nicht nur wurde er falsch verdächtigt und in die mediale Öffentlichkeit gezerrt. Er wurde als Täter verunglimpft, musste sich gegen die Intrigen seiner Parteikollegen wehren, seine Ämter ab- und seine politische Karriere aufgeben. Dabei gab es doch keine K.-o.-Tropfen. Was auch immer zwischen ihm und ihr vorgefallen ist, war zwar dumm, aber einvernehmlich gewesen. Er hat niemanden geschändet, niemanden gegen seinen bzw. ihren Willen zu irgendetwas gezwungen. Dennoch wird er in den sozialen Medien nach wie vor als Schänder und Vergewaltiger gehandelt. Die Diskussion darüber läuft mittlerweile auch über Spiess-Hegglins Facebook-Profil, das sie fast ausschliesslich für dieses Thema benutzt.

Bei seiner Pressekonferenz im September, dem grossen

Befreiungsschlag, präsentiert Hürlimann ein zwölfseitiges Dokument, überschrieben mit: «Gegenüberstellung Aussagen Jolanda Spiess-Hegglin und Fakten gemäss Verfahrensakten». Aufgelistet und mit Kopien belegt werden unwahre Äusserungen Spiess-Hegglins in klassischen und sozialen Medien. Dazu legt er Aktenstücke vor, die diese Aussagen als falsch erweisen. Etwa folgende:

Im Kantonsspital Zug habe man Unterleibsverletzungen festgestellt, die gemäss deren Aussagen offenbar oft im Zusammenhang mit K.-o.-Tropfen stehen würden. Falsch. Keine Verletzungen im Unterleibsbereich gefunden. K.-o.-Tropfen ausschliesslich von Spiess-Hegglin erwähnt. Kein Spurenbild bei Delikten gegen die sexuelle Integrität im Zusammenhang mit K.-o.-Tropfen festgestellt.

Doch wenn sich Hürlimann von seiner Pressekonferenz erhofft hat, das schiefe Bild der Affäre und seiner Rolle darin geraderücken zu können, so wird er enttäuscht. Es ist zu spät. Und das, obschon er sich während der Strafuntersuchung so verhalten hat, wie Kommunikationsprofis es in solchen Situationen empfehlen: Ball flachhalten, keine Interviews geben, nur über den Anwalt kommunizieren, bis es gesicherte Fakten gibt. Doch jetzt, als er reden will, ist die Schlacht schon geschlagen. Er hat zu lange gewartet, es ist zu viel passiert. Andere haben die Kontrolle über das Narrativ übernommen. Mittlerweile steht nicht mehr zur Diskussion, was in jener Nacht passiert oder eben nicht passiert ist. Mittlerweile geht es um das grosse Ganze. Und das heisst in dieser Sache zunehmend: Für oder gegen Spiess-Hegglin? Für oder gegen Sexismus? Für oder gegen SVP? Für die Guten oder für die Bösen?

Das Medieninteresse an Markus Hürlimanns Wahrheit ist an diesem Septembermorgen klein. Wo vorher die Journalisten zu Dutzenden angereist sind und ihn mit ihren Kameras abgeschossen haben, findet nun nur eine Handvoll den Weg in den kleinen Saal des «Casino Theater Zug». Markus Hürlimann erklärt vor den paar angereisten Nasen, er sei zu Unrecht vorverurteilt worden. «Was in den letzten acht Monaten passiert ist, bleibt für immer mit mir verbunden und lässt sich mit der Einstellung des Vorverfahrens nicht einfach abstreifen», sagt er. «Ich bin ungerechtfertigt in einer unbeschreiblichen Medienhetze den abstrusesten Vorverurteilungen, Diffamierungen und Lügen ausgesetzt worden.»

Er geht auf den Vorwurf ein, er habe gelogen, als er von «fremdküssen» geredet habe. Ja, sagt er, er habe diesen Begriff benutzt, nicht aber im ausschliesslichen Sinn. Die intime Annäherung habe er nie bestritten. «Bis heute hat sich kein einziger Zeuge bei der Staatsanwaltschaft gemeldet, der uns in flagranti bei irgendeiner Tätigkeit erwischt hätte.» Und selbst wenn, wen sollte das etwas angehen, solange keine Straftat vorliegt? Hürlimann hält noch einmal fest, dass einzig und allein die von Spiess-Hegglin geäusserte Vermutung das Vorverfahren gegen ihn in Gang gesetzt habe, weshalb er auch eine Nacht in Untersuchungshaft verbringen musste.

Ist die Geschichte nun für das Ehepaar Hürlimann ausgestanden? Was das Strafverfahren angeht: Ja. Hürlimann ist unschuldig, auch wenn sein Ruf stark gelitten hat. Und sein Bankkonto. Hürlimann macht gemäss Einstellungsverfügung 68'000 Franken für seine Verteidigungskosten geltend – dabei rechnet er mit einem Stundenansatz von 300 Franken und rechnet dazu auch Kosten einer Kommunikationsagentur von 25'787 Franken. Gemäss Zuger Praxis werden Verteidiger aber nur mit einem Stundenansatz von 220 Franken entschädigt. Dazu kürzte die Staatsanwaltschaft die Zahl der Anwaltsstunden, da nur explizite Verteidigungskosten übernommen werden, und strich die Kommunikationskosten. Hürlimann wird für seine Verteidigungsaufwendungen mit total 21'492 Franken entschädigt. Damit bleibt der in allen Punkten freigesprochene Markus Hürlimann nach eigenen Angaben auf Kosten von über 70'000 Franken sitzen.

Die ganze Angelegenheit war auch für den Staat nicht billig. Gemäss einem Bericht im Blick betrugen die Verfahrenskosten der Staatsanwaltschaft des Kantons Zug 21'293 Franken. Die Entschädigung für Markus Hürlimann belief sich auf 21'492 Franken. Zudem wurde Hürlimann für die Haft pauschal mit 500 Franken entschädigt, und er erhielt 5'000 Franken Genugtuung für die Vorverurteilung in den Medien. Insgesamt gehen also 48'285 Franken auf Kosten der Staatskasse.

Die Journalisten sind skeptisch. Nachdem Spiess-Hegglin ihn monatelang angegriffen hat, beschuldigt er sie nun einfach zurück? Ist das nicht ein bisschen rachsüchtig?, schreiben sie. Und überhaupt: Es wird doch niemand je wissen können, was genau zwischen den beiden vorgefallen ist. Offensichtlich will es auch niemand genauer wissen. Oder in dieser ohnehin vermurksten Geschichte noch weiter zu grübeln, wahr von falsch zu unterscheiden. Es kann nicht sein, was nicht sein darf. Die Story ist tot. Niemand will sich weiter damit beschäftigen.

Dass auch Hürlimann um seinen Ruf kämpft, wenn auch nicht wie seine Kontrahentin in den sozialen Medien, scheint den Journalisten nicht in den Sinn zu kommen. «Zum Abschluss neue Beschuldigungen», titelt das Luzerner Online-Portal Zentralplus einen Artikel zu Hürlimanns Medienkonferenz. Man habe sich erhofft, die Sache komme nun endlich zu einem Ende, heisst es da. Aber Hürlimann erhebe nur immer weitere Vorwürfe. Hängig ist Anfang September auch immer noch die Verleumdungsklage, die Hürlimann im April gegen Spiess-Hegglin eingereicht hat. Ob es für einen Abschluss wirklich noch einmal Vorwürfe braucht, sei dahingestellt, schreibt der

Journalist. Spiess-Hegglin, um Stellungnahme gebeten, hat für den Artikel keine Auskunft gegeben. Der Autor philosophiert: «Wie stellt man einen Ruf wieder her? Geht das überhaupt? Hürlimann entscheidet sich für die Rettung seiner Person zum Angriff auf Spiess.» Und was sagt Hürlimann abschliessend zu Zentralplus? «Dass die Staatsanwaltschaft mir eine finanzielle Genugtuung zuspricht, unterstreicht zwar meine Unschuld, ändert aber nichts daran, dass tiefe Wunden bleiben.» Seine Worte bleiben ungehört.

Nach der Erfahrung der vergangenen acht Monate und vor allem nach der Pressekonferenz ist Hürlimann von den Medien schwer enttäuscht. Bis heute prägt ihn diese Erfahrung: «In diesem Moment habe ich endgültig den Glauben an die Medien verloren. Wenn ich Journalisten dann sagen höre, sie seien der Wahrheit verpflichtet, denke ich: Ja, genau.» Gerade die sich besonders seriös gebenden Medien werden sich in der weiteren Bearbeitung der Affäre unkritisch zeigen. Die Wahrheit über den Fall, dass hier nicht nur eine Frau, sondern auch ein Mann fertiggemacht wurde, passte einfach nicht so gut ins Konzept. Und noch weniger, dass eine linke Frau mitverantwortlich war für die Ungerechtigkeit, die ein bürgerlicher Mann erleiden musste.

Der Vice-Artikel

Spiess-Hegglin wird von Weggefährten, Freunden und Feinden als kämpferische Person beschrieben. Engagiert und zielstrebig lehnt sie sich gern gegen Missstände auf. Sie ist zudem für ihre Hartnäckigkeit bekannt. Sie wird keine Ruhe geben, lässt Hürlimanns Unschuld nicht gelten, denn das würde ja bedeuten, dass man ihr nicht glaubt. Und so verkündet sie nach Einstellung der Untersuchung und Hürlimanns Pressekonferenz über 20 Minuten: «Er [Hürlimann] deutet die Einstellung des Verfahrens so, dass seine Unschuld bewiesen sei. Ich sehe es hingegen so, dass seine Schuld nicht bewiesen werden konnte. Das ist ein grosser Unterschied. [...] Ich sprach von Anfang an von einem Sexualdelikt, Markus Hürlimann beteuerte stets, nur fremdgeküsst zu haben.» Und sie ergänzt: «Ich verzichte auf einen Weiterzug des Verfahrens ans Obergericht, weil wir hier juristisch einfach nicht weiterkommen. [...] Recht und Gerechtigkeit sind zwei Paar Schuhe. Bei einer Vergewaltigung steht immer Aussage gegen Aussage, und so zieht die Frau meistens den Kürzeren.»

Am 19. August 2015 schrieb mich Nadja Brenneisen, eine Reporterin von Vice, per Facebook an. Sie sei gerade an ein paar Recherchen im Fall Spiess-Hegglin und habe meinen Artikel im Tages-Anzeiger gelesen. Spiess-Hegglin habe sich für morgen mit ihr zum Interview verabredet. Sie hoffe wohl auf ein Sprachrohr für ihre Version der Geschichte, so Brenneisen, doch sie selber habe Zweifel. Wir trafen uns noch am selben Tag und ich erläuterte ihr meine Einschätzung des Falls.

Am 22. September publiziert der Schweiz-Ableger des Online-Magazins Vice einen Artikel von Brenneisen. Titel: «Fragen, die wir zur ‹Zuger Sexaffäre› noch stellen müssen». Obschon nur die beiden Beteiligten abschliessend wüssten, was damals genau geschehen sei, zögen «scharenweise Social-Media-Fackelzüge durch die virtuellen Strassen und bezichtigen Jolanda Spiess-Hegglin der Lüge», heisst es in der Einleitung. Sie sei, schreibt die Journalistin, die Akten des Falls noch einmal durchgegangen. Dabei seien ihr einige Ungereimtheiten aufgefallen. Ein toxikologisches Gutachten habe die Frage beantworten sollen, ob die Beschreibung von Spiess-Hegglins Zustand dem typischen Wirkungsprofil von K.-o.-Tropfen entspreche. Um diesen Zustand zu bestimmen, stütze sich das Gutachten auf die Aussagen eines SVPlers, der Falschaussagen gemacht habe und deshalb nicht glaubwürdig sei. Diese Feststellung trifft zwar zu. Ausser Acht lässt die Journalistin aber, dass die «Falschaussagen» nur unwichtige Details betreffen, und dass seine zentralen Aussagen von zahlreichen anderen Zeugen, unabhängig von ihm, ebenso geäussert wurden.

Im Vice-Artikel gibt es weitere Intimitäten über Spiess-Hegglin zu lesen. Um auf ihr «Leid und die Schwere dieser Geschehnisse und Verurteilungen» aufmerksam zu machen, gebe Spiess-Hegglin «der Öffentlichkeit ein letztes Stück ihrer Privatsphäre – Diagnose: Gebärmuttersenkung», heisst es im Artikel. «Spiess-Hegglin hat seit der Geburt ihres dritten Kindes eine stark abgesenkte Gebärmutter, die höchst druckempfindlich ist.» Deshalb könne sie den Beischlaf nur sehr behutsam vollziehen. Schliesslich kommt der Artikel zum Höhepunkt: «Ein kleines Detail hat die Presse noch nicht herausgefunden, sonst wäre garantiert bereits eine entsprechende Headline in Schriftgrösse 48 gedruckt worden. Bei Jolanda Spiess-Hegglin wurde auch Anal-Sex vollzogen, so ist es im Spitalbericht vermerkt.» Worauf die Journalistin diese Behauptung stützt, ist unklar. Im Spitalbericht an die Staatsanwaltschaft findet sich auf jeden Fall keine solche Feststellung.

Selbstlos von Vice, dieses allerletzte Stückchen Privatsphäre preiszugeben. Natürlich wird es dankbar weiterverbreitet, wenn auch nicht gerade in Schriftgrösse 48. Kurz nach Publikation des Artikels greift das Gratisportal 20 Minuten die Information auf und verschickt eine Push-Meldung an eine Million Leser: «Neue Erkenntnisse im Zuger Sex-Skandal: Analsex und mehrere DNA-Spuren nachgewiesen.» Der zugehörige Artikel verzeichnete eine halbe Million Hits. In den sozialen Medien ist man über diese neuerlichen Details zunächst schockiert, dann empört. Nicht über die Tatsache, dass die Informationen über ihre Gebärmutter erneut die Privatsphäre Spiess-Hegglins verletzen könnten. Schockiert ist man über die Falschinformation zum angeblichen Analverkehr. Der Rechte hat die Linke also nicht nur einfach geschändet, sondern anal vergewaltigt? Das ist ungeheuerlich und wirft ein ganz neues Licht auf Hürlimann. Die Vorstellung beflügelt die eigentlich schon ermüdete kollektive Fantasie aufs Neue und viele von denen, die bislang eher auf Hürlimanns Seite standen, wenden sich vollends ab. Das ist eine direkte Folge des Vice-Artikels.

Der Artikel gibt vor, die bisherige Medienberichterstattung zu kritisieren, tatsächlich aber ist er ein Lehrbeispiel für die Scheinheiligkeit der Branche. Vorgeblich kritisiert man die Boulevardmethoden der anderen, die solche Intimitäten verbreiten, um wirtschaftlichen Gewinn daraus zu schlagen. Die Journalistin tut dasselbe, gibt aber vor, nicht anders zu können, um das Unrecht zu beweisen, das Spiess-Hegglin angetan worden sei. Und weil es hier um die Sache der Frau geht, an der es nichts zu hinterfragen gibt, ist das natürlich etwas ganz anderes.

Brenneisen bemängelt die Untersuchung der Zuger Staatsanwaltschaft noch in anderen Punkten. So hatte die Polizei einen Taxifahrer befragt, von dem sie glaubte, er habe die beiden Politiker in der betreffenden Nacht nach Hause chauffiert. Dieser sagte den Beamten, er wisse absolut gar nichts. Als man ihm die Bilder der beiden Politiker zeigte, sagte er, er lese nur serbische Medien. Dass er die Fahrt gemacht habe, sei möglich, aber die Gesichter sagten ihm nichts. Brenneisen kritisiert, dass die Polizei den Fahrtenschreiber des Taxifahrers nicht hat auswerten lassen. Die Kritik ist nachvollziehbar, aber betrifft einen Nebenpunkt, denn auch vertiefte Ermittlungen zur Taxifahrt hätten keinen direkten Beweis für die Geschehnisse in der Captain's Lounge ergeben. Für dieses Buch hat Brenneisen zunächst eine Reihe von Fragen zu ihrem Artikel beantwortet, ihre Stellungnahme später aber wieder zurückgezogen.

Vice ist in der Schweiz ein Nischenmagazin, doch die Vermeldung dieser neuen Ungeheuerlichkeit verfehlt ihre Wirkung nicht, zumal sie mit freundlicher Hilfe von 20 Minuten in der ganzen Schweiz verbreitet wurde. Kaum ein Monat nach Einstellung der Untersuchung muss Hürlimann schon wieder Feuer löschen. Sein Anwalt Dormann wendet sich umgehend an die Redaktion Vice Österreich, die für den Schweizer Ableger des Magazins verantwortlich ist. Er schreibt: «Der Bericht ist tendenziös und inhaltlich nachweislich falsch. Es wurde niemals im Krankenhaus ‹Geschlechtsverkehr› nachgewiesen. […] Es gibt keine ärztliche Feststellung, dass Analverkehr vollzogen worden sei.» In seiner ersten Abmahnung fordert er die Entfernung des Artikels und eine Berichtigung.

Der Verantwortliche bei Vice lässt Dormann wissen, man würde den Artikel im Netz belassen, aber eine Gegendarstellung publizieren. Dormann akzeptiert diesen Vorschlag und ersucht am 23. September gegen Abend um «umgehende

Veröffentlichung» seiner ausformulierten Gegendarstellung. Um 19.57 Uhr fragt er nochmals nach, worauf Vice den Artikel vom Netz nimmt – mit dem Hinweis auf juristische Drohungen seitens Hürlimanns Anwalt. Noch am gleichen Abend wird auf Twitter kommentiert, die Entfernung sei «skandalös», und das Onlineportal watson berichtet darüber.

Für die Spiess-Hegglin-Unterstützergruppe ist dieser Rückzug nur ein weiterer Beweis für eine grösser angelegte Verschwörung gegen die Frau. Auf der Website eines Zuger Ex-Piratenpolitikers wird der Original-Artikel umgehend wieder veröffentlicht und ist bis heute im Netz zu finden. Auch in den sozialen Medien wird der Artikel in den folgenden Wochen und Monaten weiter verbreitet und immer wieder als «grossartige Rechercheleistung» gefeiert. Noch im Dezember 2016 preist Spiess-Hegglin den Vice-Artikel per Tweet mit den Worten an: «Teilen. Lesen. Und dankbar sein, dass es solch gute Journalistinnen gibt.» Und: «Der Zuger Filz verdirbt mir den Appetit. Grossartiger Recherchejournalismus, von SVP-Anwälten verboten.»

Das Motiv der Selbstverteidigung

Das Faktische spielt bei Gläubigen nur eine untergeordnete Rolle. Sie haben ihre eigene Wahrheit, die sie mit allen Mitteln gegen Ungläubige verteidigen. Spiess-Hegglins Wahrheit ist die Geschichte ihres Opferdreiklangs: Opfer eines mutmasslichen sexuellen Übergriffs, Opfer von Hass im Netz und Opfer der Medien. Diesen Dreiklang wird sie mit bewundernswerter Hartnäckigkeit ins Bewusstsein der Öffentlichkeit hämmern und viele bekehren.

Im Strafverfahren mag sie nicht gewonnen haben, aber die Stimmung dreht sich zu ihren Gunsten. In unermüdlicher Kleinarbeit hat sich Spiess-Hegglin seit dem Ereignis eine stetig wachsende Zahl von Bewunderern und Bewunderinnen geschaffen, ehemalige Gegner auf ihre Seite gezogen und zu Anhängern gemacht. Ihre Social-Media-Accounts sind ihre Kommunikationszentralen, über die sie lobbyiert, ihren eigenen Fall kommentiert und anderweitig zu einschlägigen Themen wie Sexismus, #MeToo und ähnlichem politisiert.

Im September 2015 hat Hürlimann noch immer die Hoffnung, die Wahrheit werde sich durchsetzen. Vor allem, als erneut ein langer Artikel in der Weltwoche erscheint, der die Ereignisse aus seiner, Hürlimanns Perspektive schildert. Titel: «Die fatalen Folgen eines Fehltritts». Der Autor Philipp Gut zeigt sich wiederum bestens informiert, hatte offensichtlich Akteneinsicht und beschreibt die Ereignisse aus der Sicht der Zeugen, erwähnt die toxikologischen Gutachten. Aber er verzichtet nicht auf eine politische Deutung und konstruiert eine Art linke Verschwörung, mit der man den SVPler Hürlimann habe fertigmachen wollen. Und dann wirft er Jolanda Spiess-Hegglin vor, sie habe den SVP-Kantonalpräsidenten «falsch beschuldigt». Im Lead zum Artikel heisst es zudem, sie habe das «planmässig» getan. 2017 wird das Zürcher Bezirksgericht Philipp Gut wegen dieses Artikels der üblen Nachrede verurteilen. Damit wird auch Hürlimanns letzte Hoffnung enttäuscht.

Im Dezember 2015 ist der Skandal ein Jahr alt und Spiess-Hegglin eine schweizweit bekannte Figur. Zum einjährigen Jubiläum wird sie vom Luzerner Radio Sunshine interviewt. Sie sei, lässt der Moderator sie wissen, die zweitmeist gegoogelte Schweizer Persönlichkeit im Jahr 2015 gewesen, also offiziell ein Promi. Spiess-Hegglin lacht als Antwort auf diese Feststellung kokett und sagt, das habe sie aber nicht gewollt. Der Journalist fragt sie dann, ob sie eventuell zu viel kommuniziert habe. Sie antwortet: «Die Alternative wäre gewesen, einfach gar nichts zu sagen. Aber ich lasse mich nicht mundtot machen.»

Auch dieses Motiv werden sie und ihre Unterstützer in den folgenden Jahren und bis heute immer wieder anführen. Ihre proaktive Kommunikation als verzweifelte Tat eines Missbrauchs-Opfers. Als Verteidigungsversuch einer Frau, deren Ehre beschmutzt und Würde mit Füssen getreten worden war. Von Anfang an gab es in Spiess-Hegglins Umfeld Bekannte, Freunde und Berater, die ihr nahelegten, weniger offensiv zu kommunizieren – und sei es nur, um sich selbst zu schützen. Mehr als einmal war ein solcher Vorschlag der Anfang für ein anhaltendes Zerwürfnis. Weil sie darin nur eines sah: den Versuch, das Opfer eines sexuellen Übergriffs zum Schweigen zu bringen.

Der gescheiterte Vergleich

Anfang 2016 ist etwas mehr als ein Jahr vergangen seit der Skandalfeier. Die Medienöffentlichkeit hat sich anderen Themen zugewandt, nur vereinzelt flackern Meldungen über Spiess-Hegglin noch in den lokalen oder nationalen Medien auf. Doch noch laufen zwischen Hürlimann und Spiess-Hegglin verschiedene Strafverfahren. Bereits im April 2015 hatte Markus Hürlimann Spiess-Hegglin wegen Verleumdung angezeigt. Als die Staatsanwaltschaft dann die Untersuchung zum Schändungsverdacht einstellte, ergänzte Hürlimann seine Anzeige mit den Vorwürfen der Falschbeschuldigung und der Irreführung der Rechtspflege. Spiess-Hegglin konterte, indem sie ihn ihrerseits wegen Verleumdung anzeigte. Zudem hatten beide je separat gegen den Blick eine Beschwerde beim Presserat eingereicht. Dieser stellte später fest, dass die Zeitung die journalistischen Berufsregeln verletzt hatte.

Im Zentrum stand jetzt Hürlimanns Vorwurf, Spiess-Hegglin hätte ihn falsch beschuldigt. Die Zuger Staatsanwaltschaft hatte es zunächst abgelehnt, diese Anzeige zu behandeln. Für den Tatbestand der Falschbeschuldigung, so die Argumentation, hätte Spiess-Hegglin mit Sicherheit wissen müssen, dass Hürlimann unschuldig ist, als sie ihn bei der Polizei als Verdächtigen nannte. Dazu müsste man vor Gericht beweisen können, was zu dem Zeitpunkt in ihrem Kopf vorgegangen war, und ein solcher Beweis sei unmöglich. Schliesslich sei doch bereits durch ihre Aussage bei der Polizei erstellt, dass sie glaubte, was sie sagte. Hürlimann hatte dagegen Beschwerde beim Zuger Obergericht eingereicht.

Um einen Schlussstrich unter all diese Verfahren zu ziehen,

erwägt Hürlimann Anfang 2016 einen Vergleich. Eine Verurteilung Spiess-Hegglins wegen Falschbeschuldigung würde ihn zwar rehabilitieren, aber ob es dazu kommt, ist alles andere als sicher. Und mit einem Prozess würde alles von vorne losgehen: Medienrummel, öffentliche Aufmerksamkeit und Social-Media-Hass gegen ihn und seine Familie. Aber er und seine Frau haben genug von der Geschichte, wollen die Sache hinter sich lassen. Sie haben ihre Familie und die paar Freundschaften, die den Sturm überstanden haben. In Zug wissen die Leute, was in jener Nacht geschehen ist und wie die Ereignisse zu bewerten sind, sagt er. Man begegnet ihm heute mit verhaltener Empathie und lässt ihn sonst in Ruhe. Ausserdem ist 2016 seine Frau Daniela gerade schwanger geworden.

Doch Hürlimanns Versöhnlichkeit wird bestraft. Am 27. Februar 2016 erscheint auf dem deutschen «Aufklärungs-Blog» «Der Volksverpetzer» ein Artikel zur Affäre, der Hürlimann erneut als Täter darstellt. Im Titel heisst es: «Vergewaltigt und alleingelassen». Dazu der Lead: «Die linke Kantonsrätin Jolanda Spiess-Hegglin wurde von einem rechtspopulistischen Politiker vergewaltigt. Schweizer Politik, Behörden und Öffentlichkeit haben beim Umgang mit dem Vorfall völlig versagt.» Erneut greift Spiess-Hegglin im Artikel auch die Zuger Strafverfolgungsbehörden an: «Die Medienarbeit der Zuger Strafuntersuchungsbehörden oszillierte in meinem Fall irgendwo zwischen Tölpelhaftigkeit und Dilettantismus. […] Der nächste kommunikative Betriebsunfall folgte mit der Medienmitteilung nach der Haaranalyse», lässt sie sich zitieren. Obschon Spiess-Hegglin bis heute vehement behauptet, Hürlimann nie der Vergewaltigung bezichtigt zu haben, verbreitet sie den Artikel gleich nach Erscheinen über Twitter und ihre Website «nichtschweigen.ch».

Das Narrativ der vom rechten Unhold vergewaltigten Linken

ist einfach zu attraktiv und passt zu gut in den Zeitgeist. Und Spiess-Hegglin bespielt es nach Kräften und mit Erfolg, wie ein Facebook-Kommentar eines Lesers des Volksverpetzer-Artikels zeigt: «Genau dahinter versteckt sich dieser unwürdige Sauhund mit seinen SVP-Komplizen. Das Gesetz lässt sich hintertreiben, pervertieren und SCHMIEREN, das würde mit der Gerechtigkeit nie passieren! [...] In einer gerechten Welt würde man ihm ‹Gratis Knasthure› auf die Stirn tätowieren und den Gefängnisinsassen zur freien Verfügung stellen.» Der Entwurf für den Vergleich liegt zwar schon auf dem Tisch. Aber die neuerliche mediale Attacke auf Hürlimann lässt die Vergleichsverhandlungen scheitern.

Im Mai 2016 folgt ein Entscheid des Zuger Obergerichts, der ihn darin bestärkt, auf dem juristischen Weg weiterzukämpfen. Das Gericht heisst seine Beschwerde im Hauptpunkt gut und entscheidet, dass die Staatsanwaltschaft den Verdacht der Falschbeschuldigung durch Spiess-Hegglin nun doch vertieft untersuchen muss. In seiner Beurteilung schreibt der Spruchkörper: Es bestünden «zumindest Zweifel an der Darstellung der Beschuldigten [Spiess-Hegglin], sie habe sich am Morgen danach nicht mehr an die Vorfälle der vorherigen Nacht erinnern können». Und es «liegen durchaus diverse Indizien vor, wonach die Beschuldigte schon zum Zeitpunkt, als sie Strafanzeige gegen den Beschwerdeführer [Hürlimann] erstattet hat, gewusst haben könnte, dass dieser unschuldig ist bzw. keine Schändung zu ihrem Nachteil begangen hat».

Die Wende

Fast drei Jahre sind im November 2017 seit der skandalösen Landammannfeier ins Land gezogen. Spiess-Hegglin hat die Zeit genutzt. In den einschlägigen politischen Kreisen ist sie als Opfer mittlerweile eine bekannte Persönlichkeit. Doch das genügt ihr nicht. Sie will ihre Geschichte weiter schreiben, ihr Trauma soll nicht umsonst gewesen sein. Ihre Pläne schildert sie in einem Interview mit Radio SRF2: «Mein Name ist bekannt. Das möchte ich für mein neues Projekt nutzen.» Gemeint ist #NetzCourage – eine Anlaufstelle für Mobbingopfer im Netz. Das Vehikel, mit dem sie sich vom geschmähten Hassobjekt zur Gallionsfigur gegen Hassrede im Netz neu erfindet, wird ihr Geniestreich sein. Erfahrung in der Materie hat sie genug, wie sie Zentralplus erzählt. Und zwar nicht nur als Betroffene von Hass, sondern auch als Aktivistin. «Ich habe auch schon selbst gezielt einen Shitstorm gegen gewisse Dinge lanciert», erläutert sie. Allerdings sei es da um Produkte gegangen und nicht um Personen.

#NetzCourage stellt sich laut eigenen Angaben «dezidiert und aktiv gegen Hassrede, Diskriminierung und Rassismus im Internet» und will «für Anstand und einen menschenwürdigen gegenseitigen Umgang von Nutzern*innen sozialer Medien wie Facebook und Twitter» kämpfen. Nach den erfolglosen Versuchen, mit den Websites «Winkelrieds Töchter» und «nichtschweigen.ch» etwas Ähnliches auf die Beine zu stellen, trifft sie mit ihrem neuen Projekt das Momentum. Sie hat die richtigen Feinde: Männer. Die SVP. Und ihr Anliegen entspricht dem Zeitgeist. Hass im Netz ist ein grosses Problem. Und es gibt nur wenige Spezialisten, die eine Ahnung haben, wie man dagegen

vorgehen kann. Die Nische ist wie geschaffen für Spiess-Hegglin.

Doch auch für ihre persönliche Geschichte erhält sie unerwartete Schützenhilfe. Im Juli 2017 triumphiert das Nachrich-
tenportal watson an einem Freitagmorgen mit einem Scoop.
Hansi Voigt, der später abservierte Gründer des Onlineportals,
publiziert ein 15'000-Zeichen-Interview mit Jolanda Spiess-
Hegglins Ehemann Reto Spiess: «Meine Liebe zu Jolanda ist
eher noch stärker geworden», so der Titel. Der mit privaten Fotos des Paares bebilderte Text geht über das Interview mit Ehemann Spiess hinaus, rollt die ganze Geschichte von Grund auf
neu auf und wartet mit einer neuen These auf: Täter soll mittlerweile nicht mehr Hürlimann gewesen sein. Wahrscheinlich
habe ein «dritter Mann» den beiden Politikern aus nicht näher
erläuterten Motiven nicht näher benannte Substanzen euphori-
sierender Wirkung verabreicht. Damit wären sie beide Opfer
und alle aus dem Schneider.

In seiner Neudeutung der Ereignisse schliesst Voigt die na-
heliegendste Erklärung, nämlich Alkohol, kategorisch aus und
bringt dafür neue Theorien ins Spiel. Er gibt zu bedenken, dass
als K.-o.-Tropfen nicht nur das viel diskutierte GHB in Betracht
gezogen werden müsste, sondern auch andere, neuartige De-
signerdrogen. Und selbst wenn es GHB war, würde das passen.
«Alle Zeugen der Feier beschreiben die Euphorie, den Rede-
drang, die überraschende Flirterei, die überhand nehmende Zuneigung und schliesslich die unbändige Lust der beiden jungen
Politiker, die sich anschliessend gar nicht oder nur noch bruchstückhaft erinnern können.» Die Öffentlichkeit habe daraus
fälschlicherweise nur den einen Schluss gezogen: «Die schöne
Linke wird vom strammen Rechten flachgelegt.» Nur weil niemand der Anwesenden Erfahrung mit Drogen habe, sei auch
niemandem aufgefallen, dass die Zeugen exakt beschrieben

hätten, was entsprechende Drogen bei «richtiger Dosierung» auslösten.

Womit hingegen alle Zeugen Erfahrung haben, ist Alkohol. Und jeder weiss, dass Alkohol in höheren Dosen Menschen ohne Weiteres zu spektakulären Dummheiten auch der vorgefallenen Art verführen kann. Voigt hat auch darauf eine Antwort. Spiess-Hegglins Alkoholkonsum sei an diesem Abend «nachweislich vergleichsweise gering» gewesen. Auf welchen Nachweis er sich dabei stützt, gibt er nicht preis. Vermutlich baut er einfach auf Spiess-Hegglins Aussage, die immer behauptet hat, nur wenig getrunken zu haben. Wie diese Aussage mit den Bildern des Abends zusammengeht, auf denen Spiess-Hegglin über Stunden hinweg mit einem Weinglas mit je unterschiedlichem Füllstand in der Hand zu sehen ist, wird ebenso wenig erläutert.

Bei der Blutentnahme am Sonntagabend im Zuger Kantonsspital sei Spiess-Hegglins Blutalkoholwert Null gewesen, schreibt Voigt. Aber er schreibt nicht, dass jemand von Spiess-Hegglins Statur vom Ereigniszeitpunkt bis am Sonntagabend einen Blutalkoholwert von bis zu 2.53 Promille abgebaut haben könnte – so jedenfalls heisst es in der Ergänzung zum ersten toxikologischen Gutachten, die auch diese Frage untersucht. Auch wegen Fehlern im Spital hätte Spiess-Hegglin keine K.-o.-Tropfen beweisen können, wodurch es in der Öffentlichkeit zur «Umkehr der Beweislast» gekommen sei. Obschon eigentliches Opfer, habe Spiess-Hegglin nun plötzlich beweisen müssen, dass sie nicht die «lustgetriebene Täterin» sei, für die die Öffentlichkeit sie partout halten wollte. Damit nennt Voigt auch in aller Deutlichkeit das wahrscheinlichste Motiv für Spiess-Hegglins mediennotorisches Verhalten nach dem Losbrechen des Skandals.

Voigt stellt zur These des doppelten Opfers auch eine des

zweiten Täters auf: «Bis heute, zweieinhalb Jahre nach der Feier, ist dies immer noch die plausibelste Variante: Jolanda Spiess-Hegglin und vermutlich Markus Hürlimann bekamen – womöglich als blöder Scherz gedacht – beide eine höchst euphorisierende Dosis einer unbekannten Substanz verabreicht.» Welche denkbare Substanz das gewesen sein könnte, schreibt Voigt nicht. Welcher Täter aus welchen Gründen so etwas hätte tun sollen, interessiert ihn nicht. Auch nicht, was Markus Hürlimann allenfalls zu so einer These zu sagen gehabt hätte. «Absoluter Quatsch», sagt der. «Ich war betrunken, so simpel war das.»

Voigts Artikel ist für Spiess-Hegglin der Wendepunkt – und für Voigt das Ende seiner journalistischen Berichterstattung zum Fall. Denn von da an ist er Team Jolanda und zwar Vollgas. Glühend wird er sie fortan gegen alles verteidigen, was auch nur entfernt nach Zweifel an ihrer Person aussieht.

Man entschuldigt sich

Im weiteren Verlauf des Jahres 2017 wird Spiess-Hegglins Engagement gegen Hass im Netz immer wichtiger. Doch ist sie noch immer eine umstrittene Figur, auch wenn sie sich in einer breiteren Öffentlichkeit zunehmend re-etabliert. Man lädt sie auf Podien und zu Vorträgen ein, immer wieder erzählt sie ihre mittlerweile nicht mehr hinterfragte Geschichte, berichtet über den Hass, der im Netz gegen sie erwachsen ist, und wie sie sich dagegen gewehrt hat. Endlich wieder ein Thema, das nicht mehr unter Schmuddelverdacht steht, sondern höchst vorzeigbar ist. Und Spiess-Hegglin lässt sich die Gelegenheiten nicht entgehen, unermüdlich vernetzt sie sich mit entsprechenden Organisationen, Politikerinnen, Politikern, Journalisten und Journalistinnen. Und die nehmen ihre Expertise dankbar entgegen.

Spiess-Hegglin verfolgt ihr Ziel konsequent. Sie zeigt Leute an, die sie beschimpfen oder ihr Verhalten an der Landammannfeier kritisieren und sie hilft anderen, sich gegen digitale Angriffe zu wehren. Und wiederum macht sie ihr Engagement über die Medien publik. Den Leuten beizubringen, «dass man sich auch online anständig benehmen soll», sei ihr Ziel, erzählt sie 20 Minuten. Und wiederum setzt sie für dieses edle Ziel nicht sehr edle Mittel ein. Sie benutzt Fake-Profile, gibt sich dabei als Mann mit einer Vorliebe für Sport und Schlager aus, um herauszufinden, wie die «misogyne Rechtsaussen-Szene» tickt. Dem Tages-Anzeiger vertraut sie die ursprüngliche Motivation für ihr Engagement an: «Die ersten Male wollte ich Rache. Ich habe vor den Treffen noch die Kommentare der Hater gelesen, in denen sie mich beschimpften und mir den Tod wünschten.

Ich habe sie gehasst. Ich wollte, dass es ihnen so dreckig geht wie mir.» Aber schliesslich begreift sie, dass sie anders weiter kommt. Sie beginnt, die Macht ihrer Position zu verstehen. Während sie manche Hater verfolgt, mit anderen Vergleiche schliesst und sich damit neue Einnahmequellen sichert, zeigt sie sich gegen Einzelne wiederholt auch gnädig. Die wiederum bedanken sich, indem sie auf ihre Seite wechseln. Auf Zentralplus erklärt Spiess-Hegglin ihre neue Tätigkeit so: «Diese neue Aufgabe ist so eine Art Therapie für mich.»

Mittlerweile hat auch ein Umdenken unter Journalisten stattgefunden. Einzelne entschuldigen sich öffentlich bei ihr, den Anfang macht Pascal Hollenstein, zur Zeit der Affäre stellvertretender Chefredaktor der NZZ. Danach wird er Leiter Publizistik bei CH Media, und als solcher streut er sich nun öffentlich Asche aufs Haupt. In einer Mitteilung vom Mai 2017 schreibt er: «Jenseits dieser juristischen Auseinandersetzungen kann man festhalten, dass sich einige Medien zu Vorverurteilungen, Ungenauigkeiten und zur Verbreitung zum Teil ungenügend verifizierter Informationen zu Ungunsten von Jolanda Spiess-Hegglin haben hinreissen lassen. Auch dieser Zeitung sind Fehler unterlaufen. Dafür möchten wir uns entschuldigen.»

Vereinzelt folgen weitere solche Bekenntnisse von unbekannteren Journalistinnen und Journalisten. Doch die grosse Welle, auf die manche gehofft haben mögen, bleibt aus. Was vielleicht auch daran liegt, dass viele Leute nach wie vor Vorbehalte gegen Spiess-Hegglin haben. Denn so sehr diese Anstand und gute Sitten im Netz einfordert, so schwer scheint es ihr zu fallen, sich selbst daran zu halten.

2017 kommt es auch zum Prozess gegen Philipp Gut, der vom Zürcher Bezirksgericht wegen übler Nachrede verurteilt wird. Das Urteil wird später in zweiter Instanz rechtskräftig bestätigt. Der Journalist kann vor Gericht nicht beweisen, dass Spiess-

Hegglin Hürlimann «planmässig falsch beschuldigt» hat, wie er in seinem Artikel vom September 2015 geschrieben hatte. Das Urteil ist ein weiterer wichtiger Schritt für Jolanda Spiess-Hegglin. Wäre da nicht noch der drohende Prozess gegen sie selber.

Das Medienopfersyndrom

Am 11. November 2017 steht die 14-seitige Anklageschrift der Zuger Staatsanwaltschaft für den Prozess Hürlimann gegen Spiess-Hegglin. Der Politikerin wird mehrfache üble Nachrede, mehrfache Verleumdung sowie falsche Anschuldigung vorgeworfen. Als Beweis reicht Hürlimann Presseartikel und Dialoge auf Twitter und Facebook ein. Mit der Anklage betraut ist Staatsanwalt Markus Kurt, derselbe Staatsanwalt, der den Fall zunächst nicht annehmen wollte. Jetzt sagt er gegenüber der Weltwoche, es könne «bereits zum jetzigen Zeitpunkt gesagt werden, dass eine Freiheitsstrafe von mehr als zwei Jahren beantragt wird».

Spiess-Hegglin wehrt sich derweil mit allen juristischen Mitteln. Sie rekurriert gegen den verfahrensleitenden Richter, dieser habe auch an der Landammannfeier teilgenommen und sei befangen. Doch das Zuger Obergericht lehnt ab. Zudem verlangt sie vom Strafgericht, die Zeugen unter Ausschluss der Öffentlichkeit zu befragen und die Anklageschrift nicht an die Medien herauszugeben. Auch das wird abgelehnt. Die Allgemeinheit habe einen verfassungsmässigen Anspruch auf Justizöffentlichkeit, heisst es. Denn die Medien hätten die Aufgabe zu überwachen, ob die beschuldigte Person korrekt und gesetzmässig behandelt würde, in diesem Fall also Spiess-Hegglin. Man werde den Medien aber nahelegen, mit der gebotenen Zurückhaltung zu berichten.

Im Februar 2018 liegen die Beweisanträge der Parteien vor, Spiess-Hegglin hat ein eigenes toxikologisches Gutachten eingereicht, um ihre K.-o.-These zu stützen. Sicherheitshalber fährt sie aber auch noch eine andere Schiene. Als Zeuge hat sie den auf Medienopfer spezialisierten Psychoanalytiker Mario Gmür aufgeboten, der die Frage klären soll, ob ihre Überzeugung, Opfer einer nicht einvernehmlichen sexuellen Handlung geworden zu sein, eventuell psychiatrische Gründe haben könnte. Und tatsächlich wird der Psychiater in einem 50-seitigen Gutachten fündig.

Mario Gmür wird ein Jahr später auch im «Medienclub» auf SRF zum notorischen Fall eingeladen werden. Allerdings nur als Spezialist für Medienopfer – nicht erwähnt wird das Parteigutachten, das er für Spiess-Hegglin geschrieben hat. Im Club erzählt er, wie er sich im Jahr 1999 erstmals mit Medienopfern zu beschäftigen begann. Damals aber sei es um Beschuldigte gegangen, die von den Medien vorverurteilt worden waren. Er kritisiert den medial aggressiven Schauprozess, der auch im Zuger Fall zu beobachten gewesen sei.

Allerdings scheinen «die Medien» für Gmür eine abstrakte Entität darzustellen, er schiesst sich denn auch auf eine allgemeine Kritik am Boulevard-Journalismus im Allgemeinen und am Blick im Besonderen ein. Als Moderator Franz Fischlin einwendet, in diesem Fall sei es ja Hürlimann gewesen, der vorverurteilt worden sei, sagt Gmür: Sie beide sind Opfer.

Einmal mehr wird in der Diskussion auf SRF auch darüber gestritten, wer die Strafuntersuchung in Gang gesetzt hat. Spiess-Hegglins Unterstützer Hansi Voigt und ihre Anwältin Rena Zulauf betonen vehement, bei einem Offizialdelikt stelle sich diese Frage nicht. Doch genau mit dieser Frage hat sich das Zuger Obergericht in seinem Urteil vom 12. Mai 2016 zum Falschbeschuldigungsverdacht auseinandergesetzt. Nämlich ob die Meldung der Assistenzärztin oder Spiess-Hegglin das Verfahren ins Rollen gebracht hat. Und es kam zu einem deutlichen Urteil: «Entgegen den Ausführungen der Beschuldigten [Spiess-Hegglin] eröffnete die Staatsanwaltschaft eine Strafuntersuchung gegen den Beschwerdeführer [Markus Hürlimann] wegen Schändung erst nachdem die Beschuldigte den Beschwerdeführer anlässlich ihrer Erstaussagen eines strafrechtlich relevanten Verhaltens bezichtigt hatte.» Dies auch deshalb, weil erst Spiess-Hegglins Aussage bei der Polizei Hürlimanns Namen ins Spiel gebracht hatte.

Gmür redet weiter allgemein über Medienopfer und wie diese jahrelang unter solchen Geschehnissen leiden. Dass immer etwas hängenbleibe, selbst wenn die Anschuldigungen sich als ungerechtfertigt erweisen. Doch er meint mit seinen Worten nicht etwa Hürlimann, sondern lenkt die Diskussion immer wieder auf Spiess-Hegglin und betont, wie sehr sie vorverurteilt und dann fertig gemacht worden sei von den Medien. Er kenne den Fall eigentlich sehr gut, bemerkt er an einer Stelle. Doch weder er selber noch der Moderator legen offen, dass er zum Team Jolanda gehört.

Der Ausweich-Trick

Die Verhandlung zum Prozess wegen Falschbeschuldigung, übler Nachrede und Verleumdung gegen Spiess-Hegglin ist für den 17. April 2018 anberaumt, um 8.30 Uhr soll es losgehen. Die Anklageschrift wird an Medien verschickt, die Parteien treffen sich zur Vorverhandlung. Nun wird es ernst. Denn hier wird nicht nur festgehalten, dass es tatsächlich Spiess-Hegglin war, die Hürlimanns Namen gegenüber der Polizei erstmals erwähnte und damit die Strafuntersuchung gegen ihn in Gang gesetzt hat. Es werden auch Indizien aufgeführt, wonach sie durchaus gewusst habe, dass sie einen Unschuldigen bezichtigte. Oder wie es ihr in der Anklageschrift vorgeworfen wird: «[…] dass sie zum Zeitpunkt des von ihr behaupteten Vorfalls weder urteilsunfähig noch zum Widerstand unfähig war und somit genau wusste, dass sich Hürlimann keiner Schändung schuldig gemacht hat.»

Vor die Aussicht gestellt, sich öffentlich den Fragen stellen zu müssen, was damals genau geschehen ist und wer sich in der Folge wie verhalten hat, lenkt Spiess-Hegglin plötzlich ein. Sie signalisiert der Staatsanwaltschaft Bereitschaft zum Vergleich, was diese umgehend Hürlimann mitteilt.

Dieser antwortet vorsichtig. Grundsätzlich sei er zu einem Vergleich bereit, teilt er mit, Spiess-Hegglins Verhalten lasse aber nach wie vor wenig Einsicht erkennen. In den sozialen Medien stichle sie weiter gegen ihn und die Justiz und stelle sich auf seine Kosten als Opfer dar. Deshalb stehe man ja vor diesem Prozess, um «dieses Gebaren zu unterbinden». Im Rahmen des Vergleichs müsse Spiess-Hegglin deshalb Einsicht in ihr diesbezügliches Fehlverhalten zeigen.

Offenbar hat sie das in der Folge getan, denn plötzlich finden sich die beiden Parteien. Die Anklage wird zurückgezogen, die beiden schliessen einen Vergleich. Spiess-Hegglin verpflichtet sich in der Übereinkunft, sich ab sofort in keiner Weise mehr so über die Vorgänge zu äussern, dass der Eindruck entstehen könnte, sie sei Opfer einer strafbaren Handlung seitens Hürlimanns geworden. Ansonsten wird zum Inhalt Stillschweigen vereinbart, an das sich beide Parteien bis heute gehalten haben.

Der entscheidende Punkt im Vergleich ist in Juristendeutsch so formuliert, dass er auch Umgehungen durch Spiess-Hegglin verhindern soll: Sie darf sich nicht mehr als Hürlimanns Opfer darstellen, aber auch nicht so äussern, «dass daraus bei Dritten irgendwelche Vermutung entstehen oder impliziert werden kann», dass sie sein Opfer geworden sei. Trotzdem versucht sie genau das: den Vergleich zu umgehen. Wie schon 2016 bei dem Artikel des deutschen «Volksverpetzer»-Blogs wird sie die Geschehnisse auch weitere Male in ausländischen Medien als Sexualverbrechen darstellen, ohne Hürlimanns Namen zu nennen. So berichtet die Sendung #doublecheck des ORF von Jolanda Spiess-Hegglin, «die nach einer Vergewaltigung unter ungeklärten Umständen zum Medienopfer und zur Hass-Zielscheibe geworden ist». Auch die ARD nennt den Vorfall in einem Spiess-Hegglin-Porträt «eine Vergewaltigung, die sie nicht beweisen kann». Spiess-Hegglin verlinkt diese Sendungen dann jeweils auf den sozialen Medien für das Schweizer Publikum und tut damit das, was der Vergleich eigentlich verhindern sollte.

Dies hat einen Grund. Sie sieht sich durch die Einstellungsverfügung der Zuger Staatsanwaltschaft vom 7. Mai 2018 dazu ermächtigt. Eine solche Verfügung wurde nötig, weil Falschbeschuldigung ein Offizialdelikt ist, das nicht mit einem Vergleich erledigt werden kann. Nachdem das Zuger Obergericht «durchaus diverse Indizien» für eine Falschbeschuldigung gesehen und Staatsanwalt Markus Kurt daraufhin Anklage erhoben hatte, will er der Sache jetzt nach dem Vergleich nicht mehr nachgehen und stellt auch diesen Teil des Verfahrens ein. Damit gilt Spiess-Hegglin als unschuldig. Und sie sorgt mit gezielten Efforts dafür, dass die Medien ihre Deutung der Einstellungsverfügung übernehmen. Sie berichtet den Journalisten: «Die Staatsanwaltschaft hielt fest, dass ich davon ausgehen durfte, Opfer eines sexuellen Übergriffs geworden zu sein.» Ihre Formulierung findet Eingang in die Zuger Zeitung, Zentralplus, NZZ, die Süddeutsche Zeitung, die Salzburger Nachrichten und sogar in Wikipedia.

Nur hat Staatsanwalt Markus Kurt, auf den sie sich damit bezieht, das gar nie geschrieben. In der Einstellungsverfügung heisst es nur: «Aufgrund der Aussagen von Jolanda Spiess-Hegglin ist erstellt, dass diese anlässlich der Anzeigeerstattung subjektiv davon überzeugt war, einem Delikt gegen die sexuelle Integrität zum Opfer gefallen zu sein.» Mit anderen Worten hat er nicht ihren Opferstatus behördlich bestätigt, sondern nur festgehalten, dass sie selbst von ihrem Opferstatus überzeugt war, was genügte, um das Verfahren einzustellen.

Es steht Spiess-Hegglin frei, sich als Opfer zu fühlen. Was sie nicht darf, ist Hürlimann als Täter darzustellen. Das hat das Zuger Obergericht in einem bisher unbekannten Urteil vom 18. August 2017 unmissverständlich festgehalten: «Der Beschuldigte [Hürlimann] gilt daher als vom Vorwurf eines Sexualdelikts freigesprochen und ist unschuldig. Mit ihren Zitaten konnte die Beschwerdeführerin [Spiess-Hegglin] in den Medien objektiv den Eindruck erwecken, der Beschuldigte habe an ihr ein Sexualdelikt begangen, aber man könne es nicht beweisen. Einen Nichtschuldigen eines Delikts zu bezeichnen, ist ehrverletzend.» Dieses Problem löst Spiess-Hegglin fortan so, dass sie sich zwar als Opfer darstellt, aber behauptet, dass es «keinen Täter gibt».

Warum aber hat sich Hürlimann zum Vergleich entschlossen, wenn er doch wissen musste, dass sie nicht aufhören wird? Er habe genug gehabt von dieser Geschichte, die ihn und seine Familie nun schon so lange beschäftigte. Und er hoffte, so endlich in Ruhe gelassen zu werden. «Man ist unschuldig, kommt so unter die Räder, weiss gar nicht, was machen. Irgendwann denkt man: Es kann doch nicht sein, dass dieser eine Abend bis in alle Zukunft dein Leben bestimmt.» Seine Hoffnung wird aber enttäuscht werden.

Karma

Im Jahr 2018 etabliert sich Jolanda Spiess-Hegglin endgültig als Medienpersönlichkeit und Aktivistin gegen Hate Speech. Eigentlich hat sie damit alles erreicht, was sie sich wünschen konnte: Sie hat einen von öffentlichen Geldern finanzierten Verein. Sie spricht auf Podien, im Fernsehen, im Radio. Man entschuldigt sich bei ihr und kaum jemand wagt es mehr, sie öffentlich zu kritisieren. Selbst wer ihr gegenüber kritisch eingestellt ist, zieht es in der Regel vor, sich nicht mehr dazu zu äussern, weil es ja doch nur Ärger gibt. Sie könnte sich darauf konzentrieren, die Landammannfeier und die undurchsichtigen Geschehnisse damals hinter sich lassen – zumal auch der Vergleich sie eigentlich verpflichtet, genau das zu tun.

Aber sie kann nicht. Ihr Fall wird als Paradebeispiel für mediales Versagen angeführt – was nicht einmal falsch ist. Nur blendet es mindestens die Hälfte der Geschichte aus, nämlich die Geschichte jener Person, die zu Unrecht als Täter dargestellt wurde: Markus Hürlimann. Auch er ist ein Medienopfer – doch anders als Spiess-Hegglin suchte er die Medienöffentlichkeit kaum. Und trotzdem schwang bis vor Kurzem jedes Mal, wenn Spiess-Hegglin über ihren Fall berichtete, auch wieder der Vergewaltigungsverdacht mit.

So hält sie im Oktober 2018 am Reporterforum eine Rede, in der sie sagt: «Und wissen Sie, wie viele dieser fast 2'000 Artikel aufgrund Akten und Fakten recherchiert waren? Im Jahr 2015 war es einer. Der ‹Vice›-Artikel von Nadja Brenneisen. Sie fasste alle Ungereimtheiten und Unterlassungen der Untersuchungsbehörden zusammen und zeichnete das Bild vom Filz in Zug haargenau nach. Ausserdem machte sie öffentlich, dass noch eine zweite, unbekannte männliche DNA an meiner Unterwäsche gefunden wurde. Der Artikel musste gelöscht werden, weil die Anwälte der SVP im roten Bereich drehten. [...] Niemand, kein anderes Medium, hat diese Vorgehensweise und Einschüchterung hinterfragt, geschweige denn verurteilt. Nadja Brenneisen, eine junge und unerschrockene Journalistin Anfang 20, hat den Artikel aufgrund der kompletten Untersuchungsakten geschrieben.»

Im Frühjahr 2019 findet die Gerichtsverhandlung im Fall Spiess-Hegglin gegen den Blick statt. Sie verklagte das Boulevardblatt wegen des ursprünglichen Artikels mit der Schlagzeile «Hat er sie geschändet?». Es handle sich dabei um eine Persönlichkeitsrechtsverletzung. Am 8. Mai wird die Klage vor dem Zuger Kantonsgericht teilweise gutgeheissen und eine Persönlichkeitsverletzung festgestellt. Laut dem Gericht hatte der Blick zum Zeitpunkt der Publikation von Name und Bild Spiess-Hegglins davon ausgehen müssen, dass sie mutmassliches Opfer eines Sexualdelikts sei, weshalb er sie hätte schützen müssen. Spiess-Hegglin, heisst es aber im selben Urteil, habe auch selbst zum Medienhype beigetragen, indem sie sich immer wieder in Medien zitieren liess, auch «zu Zeitpunkten, als das Interesse der Boulevard-Zeitschriften an dieser Geschichte bereits verflacht gewesen sein dürfte». Beide Parteien kündigten an, es weiterziehen zu wollen. Flugs organisierte der Basler Verein Fairmedia zu diesem Zweck eine Spendenaktion. In nur vier Tagen hatte man die 70'000 Franken denn auch beisammen. Gleichzeitig entschuldigten sich zwei Journalisten öffentlich bei ihr für ihre «unfaire Berichterstattung» – nicht ohne zum Spendenaufruf zu verlinken.

Mehr als ein Jahr später bestätigt das Zuger Obergericht, dass der erste Blick-Artikel Spiess-Hegglin in ihrer Persönlichkeit verletzte. Spiess-Hegglin hat auch eine Entschuldigung gefordert, was das Obergericht jedoch ablehnt, da eine solche rechtlich nicht verlangt werden könne. Trotzdem entschuldigt sich Ringier-CEO Marc Walder direkt nach dem Bekanntwerden des Obergerichtsentscheids auf der Frontseite des Blick. Zu diesem Zeitpunkt hat Spiess-Hegglin bereits eine weitere Klage gegen den Blick eingereicht, obwohl der ihr zuvor 150'000 Franken Entschädigung und ein grosses doppelseitiges Interview inklusive einer Box zu ihrem Verein #NetzCourage als Vergleichsangebot unterbreitet hatte. Sie lehnte ab. Mit der neuen Klage fordert sie den Gewinn heraus, den der Blick mit fünf weiteren Artikeln von 2014 und 2015 erzielt habe. Mit der Gewinnherausgabe möchte sie ein Exempel statuieren und die Medien disziplinieren. In ihren eigenen Worten: das «Grüsel-Boulevardgeschäft pulverisieren».

Auch im Jahr 2019 ist Spiess-Hegglin noch auf Rache aus. Im Frühjahr ist sie auf einem Podium zum Thema «Fempowa: (Netz-)Gewalt und Widerstand» im Salzburger Kulturzentrum ARGE eingeladen. Sie kommt dabei auf ein Thema zu sprechen, das ihr wichtig sei, nämlich das «Karma». Offensichtlich versteht sie das buddhistische Konzept so, dass jeder, der einmal gegen sie war oder ihren Kampf nicht ernst genug genommen hat, dereinst vom Schicksal abgestraft werden wird. Zahlreichen ihrer damaligen Gegenspieler sei danach Übles widerfahren, erzählt sie. Eine Journalistin sei kurz vor ihrer Pensionierung «weggespart worden». Ein Wirt, der gegen sie gehetzt habe, habe einen schweren Unfall erlitten. Und dann gab es da noch diesen Anwalt, «ein ganz, ganz böser Mensch, der ist sogar erschossen worden».

Besagter Anwalt war Martin Wagner, der die Weltwoche öfters vor Gericht vertreten hatte. Am 28. Januar 2018 war dieser zu Hause in Anwesenheit seiner halbwüchsigen Kinder von einem Nachbarn getötet worden, bevor sich der Schütze das

Leben nahm. Eine an Tragik nicht zu überbietende Geschichte, aber für Spiess-Hegglin offenbar der Beweis, dass «die Zeit für uns arbeitet». Es sei «erlaubt, sich zurückzulehnen und das Karma abzuwarten». Es ist eine ungeheuerliche Entgleisung der Vorzeigefigur gegen «Hass im Netz». Doch den Journalisten ist es grossmehrheitlich egal. Kaum einer wagt es mehr, sich kritisch über Spiess-Hegglin zu äussern. Jeder fürchtet den Shitstorm, den eine solche Haltung unweigerlich nach sich ziehen würde. Was zur Folge hat, dass wenn überhaupt nur noch positiv über Spiess-Hegglin berichtet wird: ihre Leidensgeschichte, ihre Erfolge, ihre Preise, ihr Engagement. Die unappetitlichen Seiten ihrer Karriere werden ausgeblendet.

Als Aktivistin in eigener Sache, die über die sozialen Medien operiert, beherrscht Spiess-Hegglin die öffentliche Meinung mittlerweile. Auch den Kampf um die Deutungshoheit dessen, was an der Landammannfeier 2014 geschah, hat sie gewonnen. Denn jeder Versuch, ihre Darstellung zu hinterfragen oder auch nur Details anders darzustellen, wird mit vehementen medialen Kampagnen gegen die fehlbaren Medienhäuser oder Einzelpersonen quittiert. Oder juristisch bekämpft, wie auch dieses Buch. Diesen Ärger will niemand auf sich nehmen, warum auch? Warum sollte man den halbprivaten Fehltritt zweier Politiker heute noch zum Thema machen wollen?

Die Gründe, die mich im Jahr 2019 zur Arbeit an dieser Recherche motivierten, habe ich eingangs geschildert. Der Grund dafür, dass mein Text erst im Jahr 2023 erscheint, ist ebenfalls klar: Zwei Jahre lang war es mir aufgrund eines juristischen Fehlurteils verboten, mich öffentlich zu diesen Themen zu äussern. Das allein ist für mich schon Grund genug, daran festzuhalten. Vor allem aber steht die Geschichte über die mediale Entwicklung in der Beurteilung der Zuger Landammannfeier für eine breitere gesellschaftliche Entwicklung, die es genauer zu betrachten und zu hinterfragen gilt.

Nach den vorliegenden Erkenntnissen war Spiess-Hegglin kein Opfer eines sexuellen Übergriffs. Doch sie hat ihre Vermutung zur Basis ihres Kampfes gegen vorgeblich systematische Ungerechtigkeiten gemacht und damit in den Medien, im Netz und in der Gesellschaft als Ganzes breite Unterstützung gefunden. Ihr Fall ist zum gesamtgesellschaftlichen Psychodrama geworden, in dem die Rollen zwischen Gut und Böse klar verteilt sind.

Unermüdlich kämpft sie gegen ihre imaginierte Gegnerschaft, die je nach Fall aus alten, bösen, weissen Männern, Rechten oder Bürgerlichen und neuerdings zuweilen auch «Linksextremen» und Frauen besteht, sofern diese nicht ihrer Meinung sind. Aus ihrem besonderen Zugang zur Wahrheit leitet sie für sich das Recht ab, andere verteufeln zu dürfen. Die auftrumpfende Geste, als Opfer moralisch besser als ihre Mitmenschen zu sein, ist zum eigentlichen Inhalt ihres Kampfes geworden. Den führt sie seit Jahren wütend, ausdauernd, fast ohne Unterlass. Und bedient damit ein Publikum, das ihr in allem folgt und sich keine kritischen Fragen erlaubt. Denn ist ihre Wut, die ja die Wut jeder einzelnen Frau ist, die so etwas erlebt hat, nicht berechtigt? Darf sie sich nicht verteidigen gegen das erlittene Unrecht?

Spiess-Hegglin gibt vor, für wichtige Themen, für eine bessere Welt zu kämpfen, doch sie tut dies mit Methoden und einem Absolutheitsanspruch, der ihren Kampf ins Gegenteil verkehrt. Denn sie nimmt für sich das Recht in Anspruch, andere zu beschimpfen, auszugrenzen, lächerlich zu machen. Erlaubt ist nur Unterordnung. Und wer sich verweigert, macht sich zum Feind, gegen den jedes Mittel recht ist und gegen den auch unablässig agitiert wird. Das jüngste Beispiel war Ende Oktober 2022, als es zu Querelen um die Vereinsführung von #Netz-

Courage ging. In der Auseinandersetzung wurde öffentlich gegen langjährige Unterstützerinnen und die Interims-Präsidentin geschossen.

Markus Hürlimann, den sie anfangs immer wieder als Verdächtigen nannte, benutzte sie als Schuldigen, um die Wut bei ihren Unterstützerinnen anzustacheln. Er verkörperte alles Böse am System, Rape Culture, den potenziellen Vergewaltiger und alles andere. Und als rechter Politiker passte er dankenswerterweise auch exakt ins Schema, um solche Emotionen bei Spiess-Hegglins Publikum zu zünden. Seit sie Kenntnis von der vorliegenden Recherche hat, beginnt sie Hürlimann konsequent aus dem Schussfeld zu nehmen, um sich selbst zu schützen. Durch die Theorie von ihm als zweites Opfer gehört er nun zu den Guten, wobei es vollkommen egal ist, ob er das ebenso sieht. Die Bösen bleiben jene, die es wagen, an Spiess-Hegglins Version oder an ihr selbst zu zweifeln.

Markus Hürlimann und Daniela sind 2016 Eltern geworden. Es ist nicht, als wäre nichts geschehen, aber sie haben anderes zu tun, als sich mit der Vergangenheit aufzuhalten. «Ich stehe um fünf Uhr auf und gehe um 23 Uhr ins Bett. Ich kann mich gar nicht mit solchen Dingen aufhalten», erläutert Daniela heute. Die markanteste Veränderung für Hürlimanns ist das von Grund auf erschütterte Vertrauen. «Früher haben wir Freunde zu uns eingeladen, Nachtessen veranstaltet und so weiter. Das hat sich total verändert, wir sind viel zurückgezogener. Wir gehen raus, an Anlässe, Kitafeste, ja. Aber die näheren Beziehungen pflegen wir fast nur noch in der Familie», sagt Hürlimann. Haben sie sich jemals überlegt, wegzuziehen? «Das kam nie infrage. Wir bleiben absichtlich hier, mitten im Dorf, wo uns jeder sehen kann. Wir bleiben, um zu zeigen, dass wir uns nicht unterkriegen lassen», sagt Daniela. Und Markus Hürlimann nickt.

Die Ereignisse haben auch im Heimatdorf Markus Hürlimanns Spuren hinterlassen. Das Haus, das seine Eltern in den Sechzigerjahren kauften und in dessen oberem Stock Hürlimann heute mit seiner Familie lebt, war früher von der Strasse her frei einsehbar. An einem sonnigen Tag sah man seine Eltern zuweilen in der Sonne sitzen und ihren Ruhestand geniessen, erzählt ein Anwohner. Mittlerweile hat Markus Hürlimann eine hohe Hecke um das ganze Anwesen gezogen. Niemand soll ihre Privatsphäre weiter stören.

Danksagung

Mein Dank gilt Markus Hürlimann, der mir bereitwillig Auskunft gab und (fast) alle meine Fragen beantwortete.

Ich danke meiner Familie, meinen Kindern, die mich in dieser Zeit aushalten mussten, Peter Wälty, der das Thema geduldig mit mir durchkaute und mich unterstützte, auch wenn es schwierig war.

Dank auch an Tamedia, Matthias Seemann vom Rechtsdienst und Arthur Rutishauser, der sich mit grossem persönlichen Einsatz für diese Recherche und die Pressefreiheit einsetzte, auch wenn der lange Kampf viele Nerven gekostet hat.

Zur Autorin

Michèle Binswanger ist Journalistin und Autorin. Sie wurde für ihre Recherchen vielfach ausgezeichnet, unter anderem mit dem Branchenpreis «Journalistin des Jahres». Sie lebt mit ihrer Familie in Basel.